Beltz Taschenbuch 39

Über dieses Buch:
Gutachtenerstellung und Testinterpretation sind zentrale Bereiche der psychologischen Praxis und nehmen im Psychologiestudium, aber auch im Pädagogikstudium einen breiten Raum ein.
In diesem Leitfaden, der sich an der Praxis der psychologischen Diagnostik hauptsächlich in der Schul- und Erziehungsberatung orientiert, werden die wichtigsten und verbreitetsten Tests vorgestellt und Vorschläge zur Interpretation von Testergebnissen gemacht. Der grundsätzliche Aufbau eines psychologischen Gutachtens wird dargestellt, die einzelnen Bestandteile werden erläutert, der Autor gibt Anregungen für die Gestaltung und bietet Formulierungshilfen an.
Studenten bietet dieser Grundtext wichtige Hilfestellungen beim Erlernen der Technik der Testinterpretation und Gutachtenerstellung, praktisch tätige Psychologen können ihre diagnostische Tätigkeit mit den zahlreichen praxiserprobten Hinweisen, die der Autor gibt, überprüfen.

Über den Autor:
Klaus Boerner, Diplom-Psychologe, ist am Medizinisch-Psychologischen Institut des TÜV als Gutachter tätig.

Klaus Boerner

Das psychologische Gutachten

Ein praktischer Leitfaden

Besuchen Sie uns im Internet:
http://www.beltz.de

Beltz Taschenbuch 39
1999 Weinheim und Basel
Aktualisierte Neuausgabe

Das Werk erschien zuletzt in der Psychologie Verlags Union, Weinheim
Umschlaggestaltung: Federico Luci, Köln
Umschlagphotographie: Tony Stone Bilderwelten, München
Druck und Bindung: Druckhaus Beltz, Hemsbach
Printed in Germany

ISBN 3 407 22039 1

Inhaltsverzeichnis

Vorwort zur vierten Auflage

In den mittlerweile zehn Jahren, die seit dem ersten Erscheinen dieses praktischen Leitfadens vergangen sind, ist die psychologische Diagnostik nicht stehengeblieben – im Gegenteil: Jahr für Jahr erscheinen neue Test- und Fragebogenverfahren.
Wir haben dennoch bei der Überarbeitung unseres Leitfadens anläßlich der 4. Auflage nur relativ geringfügige Erweiterungen vorgenommen: Neu aufgenommen wurden Befundmuster für Adaptives Intelligenz Diagnostikum (AID), Figure Reasoning Test (FRT), Grundintelligenztest (CFT) und Sceno-Test.
Diese Zurückhaltung hat drei Gründe. Zum einen sollte unter ökonomischen Gesichtspunkten der **Umfang** des Werkes nicht wesentlich steigen. Zum zweiten orientiert es sich nach wie vor an der **Praxis** der psychologischen Diagnostik (wobei der Schwerpunkt im Bereich der Schul- und Erziehungsberatung liegt). An der Reihe der in diesem Bereich nicht nur eingeführten, sondern auch häufig verwendeten Verfahren hat sich nach unserer Erfahrung in den letzten zehn Jahren nur wenig geändert. Drittens lassen sich bei Bedarf anhand der hier vorgestellten Beispiele relativ leicht Befundmuster für weitere Verfahren entwerfen.
Nichts von ihrer Aktualität eingebüßt haben die Hinweise, die im Nachwort gegeben wurden, insbesondere zur Bedeutung des diagnostischen Gesprächs, der Exploration. Obwohl jedoch diese Bedeutung unter praktisch tätigen Psychologen unumstritten ist, ist die theoretische Aufarbeitung dieses besonders wichtigen diagnostischen Instruments kaum vorangekommen. Hier bleibt noch viel zu tun!

Bochum, im Juli 1990

Vorwort zur Taschenbuchausgabe (6. Auflage)

Sehr erfreulich ist das unvermindert starke Interesse an diesem praktischen Leitfaden zur Erstellung und zum Nachvollzug psychologischer Gutachten, die eine weitere Neuauflage notwendig machte.

Diese Neuauflage gab Gelegenheit zu einer weiteren Aktualisierung, bei der wir uns wie bisher an der Praxis, d.h. den in Beratungsstellen, Schulpsychologischen Diensten etc. nach unseren Informationen häufig verwendeten Verfahren orientiert haben. Unter diesem Gesichtspunkt wurden Befundmuster für K-ABC und CFT 1 neu aufgenommen.

Bochum, im Juli 1999

Einleitung

Mit diesem Leitfaden zur Befund- und Gutachtenerstellung wird der Versuch gemacht, einem interessierten Leserkreis Material für die Praxis der psychologischen Diagnostik an die Hand zu geben. Dabei soll in Ergänzung zu schon vorliegenden umfassenden Diagnostik-Handbüchern, die sich zumeist auf eine kurze Darstellung der verschiedensten psychologischen Verfahren in Verbindung mit testtheoretischen Fragen beschränken, das Hauptgewicht auf die Interpretation der wichtigsten und verbreitetsten Tests und die sich anschließende Frage der Erstellung eines Gutachtens gelegt werden.

Für den Studierenden der Psychologie kann damit eine Hilfestellung beim sicher nicht leichten Erlernen der Technik der Testinterpretation und der Gutachtenerstellung geleistet werden; für den praktisch tätigen Psychologen, dem sicher vieles vertraut, aber auch manches neu sein mag, sollte die Möglichkeit geschaffen werden, seine diagnostische Tätigkeit mit diesem Modell zu vergleichen und evtl. neue Erkenntnisse zu gewinnen; für den interessierten Nicht-Psychologen mögen Anhaltspunkte aufscheinen, die das Bemühen der Psychologie sichtbar machen, von einer spekulativen Charakterologie zu einer empirisch abgesicherten Leistungs- und Persönlichkeitsbeurteilung zu kommen.

Erreicht werden soll diese zugegebenermaßen recht weitgespannte Zielsetzung dadurch, daß in übersichtlicher Form Formulierungsvorschläge zur Abfassung von Befunden und Gutachten, Hinweise zu testspezifischen Eigenheiten und zu bei der Interpretation der Ergebnisse zu berücksichtigenden Problemen sowie einige Angaben weiterführende Literatur betreffend in einem Band zusammengefaßt sind.

Teil (A) umfaßt die Probleme, die den Aufbau eines Gutachtens betreffen. An die Skizzierung der Gliederung eines kompletten Gutachtens schließen sich mit entsprechenden Formulierungsvorschlägen verbundene Hinweise darauf, was in ein psychologisches Gutachten unter den verschiedenen Punkten jeweils aufgenommen werden sollte, an. Die Allgemeinheit der Ausführungen und der Anspruch ein möglichst breites Spektrum an Problemen zu erfassen, machten es notwendig, auf eine Vielzahl von Aspekten im Rahmen der individuellen Entwicklungsgeschichte, der Leistungs- und der Persönlichkeitsbereiche einzugehen. Aus den Variablen, die berücksichtigt werden können und möglichst vollständig angesprochen worden sind in den einzelnen Kapiteln, sind selbstverständlich immer diejenigen auszuwählen, die der entsprechenden Fragestellung und der Persönlichkeit des Probanden gerecht werden. Im Rahmen der Darstellung der einzelnen Gutachtenteile ist noch einmal besonders darauf hingewiesen.

Teil (B) enthält eine Reihe von Befundmustern zu den derzeit in der Praxis gängigsten Verfahren (wobei auf bestimmte Fragestellungen z. B. im Bereich der Schulreife oder der forensischen Psychologie keine Rücksicht genommen werden konnte.*) Hilfen zur Abfassung der Dimensionen, die in den entsprechenden Tests erfaßt werden, und Vorschläge zur Interpretation einzelner Ergebnisse bilden dabei den Hauptakzent. Hinweise auf praktische Probleme der Interpretation und Bewertung entsprechend der testtheoretischen Absicherung des Verfahrens sind angeschlossen. Außerdem haben wir uns bemüht, für die Interpretation relevante oder hilfreiche Daten (beispielsweise kritische Differenzen zwischen Untertests oder besondere Normierungen) aus einer Vielzahl verstreuter Quellen, zum Teil Zeitschriftenartikeln, zum Teil auch aus den jeweiligen Handanweisungen oder Testbüchern, zusammenzutragen und für die Aussagen, die aus einem Test gewonnen werden können, dienstbar zu machen. Bei der Auswahl der Literatur beschränkten wir uns auf Werke, die im Verlauf der Hinweise erwähnt worden waren oder die für die Interpretation wichtige Informationen enthalten.

An dieser Stelle sei darauf hingewiesen, daß wir für konstruktive Kritik, besonders an der Interpretation bestimmter Testergebnisse, bzw. für die Mitteilung eigener Erfahrungen mit einzelnen Verfahren jederzeit dankbar sind.

Noch eine Bemerkung zu den im Text recht häufigen Abkürzungen sei angeschlossen. Da sie den Praktikern und den Psychologiestudenten zum größten Teil bekannt sein dürften, haben wir auf eine zusammenfassende Darstellung verzichtet. Die gebräuchlichen Abkürzungen der Verfahren sind sowohl in der Gliederung als auch bei den Befundschemata angegeben, die genaue Benennung der einzelnen Subtests findet sich in den Hinweisen zur Interpretation bei jedem einzelnen Test.

* Eine Reihe weiterer Verfahren wurde nicht aufgenommen, weil sie einen zu spezifischen Geltungs- oder Gültigkeitsbereich haben, oder weil ihre Interpretation keine größeren Schwierigkeiten bereitet.

A Der Aufbau des Gutachtens

Das vollständige Gutachten umfaßt folgende Teile:

Überschrift und Adresse
I. Der bisherige Sachverhalt
II. Die psychologische Untersuchung
   1. Entwicklungsgang und derzeitige Lebensumstände
   2. Stellungnahme des Probanden zur Fragestellung und seinem bisherigen Verhalten
   3. Allgemeine Leistungsaspekte
   4. Persönlichkeitsaspekte
III. Stellungnahme zur Fragestellung
Zusammenfassung

Der erste Abschnitt beschäftigt sich mit dem grundsätzlichen Aufbau eines Gutachtens und dem Inhalt der einzelnen Aspekte, aus denen sich das Gutachten zusammensetzt. Er weist auf die jeweils zu beachtenden Punkte hin, gibt Anregungen für die Gestaltung und bietet Formulierungshilfen an.

Einige allgemeine Hinweise zur Gutachtenerstellung

Bevor wir auf den Aufbau und den Inhalt der einzelnen Abschnitte des Gutachtens zu sprechen kommen, sollen noch einige umfassende, für das gesamte Gutachten beachtenswerte Gesichtspunkte aufgeführt werden.

1. Es ist darauf zu achten, daß nicht einem vorgefaßten Schema gefolgt wird, sondern die Begutachtung in einheitlicher und integrierter Weise der Persönlichkeitsstruktur des Probanden angemessen ist.
2. Zu allen Bereichen der Fragestellung und des Grundes der psychologischen Untersuchung sollte genau und detailliert Stellung genommen werden.
3. Es ist besser und dem Anspruch psychologischer Diagnostik angemessener, statt einer Beschreibung des Probanden in Fähigkeitsbegriffen auf die Darstellung von erbrachten Leistungen in bestimmten Situationen zurückzugreifen.

4. In den Testergebnissen aufscheinende Widersprüche und Konstraste sollten nie als solche stehen bleiben, es ist vielmehr bedeutsam, sie genau zu umreißen und wenn möglich aufzulösen. Auf jeden Fall darf das Gutachten selbst nicht widersprüchlich sein.
5. Getroffene Aussagen sollten immer abgestützt sein, entweder durch interpretierbare Resultate in den psychologischen Verfahren oder durch die Informationen, die durch Anamnese, Exploration und Verhaltensbeobachtung gewonnen wurden. Dabei ist es wichtig, nicht bei einer Beschreibung der Symptomatik stehenzubleiben, sondern auf die dahinterliegende Problematik einzugehen. Alle Schlüsse sollten klar und verständlich gezogen werden.
6. Zur Interpretation der Testergebnisse empfiehlt es sich, auf Geltungs- und Gültigkeitsbereich der Verfahren zu achten, also nur Aussagen über das zu machen, was der Test auch wirklich mißt und wie gut er das tut. Jede Spekulation über nichterfaßte Charaktereigenschaften oder Fähigkeiten sollte vermieden werden.
7. Zum besseren Nachvollzug des Gutachtens wird vorgeschlagen, zu allen Feststellungen die Quelle an den Rand zu schreiben. Bei den Befunden bedeutet das die Berücksichtigung der jeweiligen Untertests oder erfaßten Dimensionen, beim Rückgriff auf die Entwicklungsgeschichte der Bezug zu Exploration und Anamnese und im Gesamtgutachten die Angabe der einzelnen Verfahren (evtl. des spezifischen Subtests oder Testteils), auf die sich die Aussage bezieht.
8. Fast selbstverständlich dürfte sein, daß bei der Abfassung des Gutachtens auf ein gewisses Maß an äußerer Form geachtet wird, damit durch Unsauberkeiten und Unübersichtlichkeiten nicht das Verständnis erschwert wird.
9. Dieses Verständnis muß der Auftraggeber bzw. der Empfänger des Gutachtens entwickeln können, d. h. auch für die sprachliche Gestaltung, daß es allgemeinverständlich sein muß, wenn es für Laien angefertigt wird. Auf psychologische Fachausdrücke sollte dabei nur unter besonderen Umständen zurückgegriffen werden, auf jeden Fall dürfen sie nicht unerklärt bleiben.

Zuletzt sei noch einmal ausdrücklich auf die Verantwortung hingewiesen, die der begutachtende Psychologe dem Probanden (und dessen Umwelt) gegenüber hat. Neben dem Verzicht auf Spekulation bedeutet dies vor allem, daß der Psychologe sich bemühen sollte, Befund und Stellungnahme so objektiv wie möglich abzufassen, nicht seine Gefühle für oder gegen den Untersuchten einfließen zu lassen. Prinzip der Stellungnahme sollte sein, mit den empfohlenen Maßnahmen zur Lösung der Probleme des Probanden, so gut es geht, beizutragen.

Gutachten

An das

. . . (*Adresse*) . . .

Betreff: Psychologische Begutachtung *von Herrn / Frau / des Kindes* . . ., geb. am . . ., wohnhaft in . . . (*vollständige Anschrift*) . . ., hinsichtlich . . . (*Fragestellung*).

Psychologisches Gutachten

Zur Frage . . . (*volle Fragestellung*) . . . .

Die erste Seite des Gutachtens sollte also präzise Angaben über den Probanden und den Grund der Untersuchung enthalten. Bei der vollständigen Fragestellung sind alle Aspekte anzugeben, über die eine Begutachtung Aufschluß geben soll.

I. Bisheriger Sachverhalt

laut Aktenunterlagen *des* . . . / *von* . . .
und / *oder* laut anamnestischer Daten *des* . . . / *von* . . .
una / *oder* laut Vorbericht von . . . (etc.)
Die Informationen von . . . stützen sich auf . . .

Die ersten Angaben zum bisherigen Sachverhalt beziehen sich auf die **Quellen der Informationen**; diese sollten genau angegeben werden, um dem Auftraggeber des Gutachtens den Nachvollzug zu ermöglichen. Der bisherige Sachverhalt umfaßt einen **Aktenauszug**, soweit er vorhanden ist und für die Erstellung des Gutachtens von Belang ist. Es sollten alle objektiven Daten der Vorgeschichte aufgeführt werden, die sich auf alle Komponenten der **Fragestellung** beziehen – es können also auch alle Informationen aus Anamnesen, Vorgesprächen, amtlichen Unterlagen, die zur Verfügung stehen, und ähnlichem zu den Aktenangaben hinzugezogen werden, um den bisherigen Sachverhalt zu erhellen.
Festzuhalten ist, daß es sich hierbei um eine **rein sachliche Darstellung** handelt; Hypothesen oder Interpretationen sollten nicht formuliert werden, nur Sachverhalte. (Aus diesem Grund ist das Augenmerk darauf zu richten, daß keine objektiven Daten in einen „interpretierenden" Zusammenhang gebracht werden: z. B. „Der Pb kam als uneheliches Kind auf die Welt. Daraus resultierten viele Probleme in der Familie")

Im Jahre . . . zeigten sich bei . . . (*Name des Pbn*) . . . die ersten massiven Schwierigkeiten . . . / traten bei . . . (*Name des Pbn*) . . . (*Angabe der Symptome*) . . . auf.

Der Einstieg kann bei der Begutachtung aufgrund eines bestimmten Problems des Probanden mit der **sachlichen Schilderung des Problems und des Hergangs** gewählt werden.

Aus den Akten von . . . / aus der Anamnese geht hervor, daß . . .

Die für die Fragestellung in allen Dimensionen relevanten Aktenauszüge sollten im bisherigen Sachverhalt in zusammengefaßter Form auftauchen.

Eine Untersuchung des Pbn, die ... (*genauer Zeitpunkt*) ... von ... (*Untersucher*) ... durchgeführt wurde, ergab, daß ....
Ein bereits erstelltes Gutachten sagt aus, daß ....

Soweit **Voruntersuchungen und Vorgutachten** vorliegen, ist es ratsam, sie einzubeziehen. Dabei ist darauf zu achten, daß Vorergebnisse möglichst wörtlich zitiert und die Quellen genau bezeichnet werden.

Die Situation in der Familie des Pbn ist dadurch gekennzeichnet, daß .... / Er besuchte bisher ... (*Bildungsgang*) ... / Seine schulischen Leistungen bisher waren ... (etc.)

Alle **Ereignisse und Bedingungen**, wie z. B. Schule und Familie, die dazu führten, daß der Proband untersucht werden muß, sollten hier zur Sprache kommen.

Um diese Maßnahmen zu überprüfen, ... /
Um zu entscheiden, ob ... , wurde ... beauftragt, zu ... /
Aufgrund der in den letzten Wochen eingetretenen Schwierigkeiten, die dazu führten, daß ... /
Weil der Pb in der nächsten Zeit ... , sollte ein Gutachten erstellt werden, in dem ... /
oder ähnliches

Die Darstellung des bisherigen Sachverhalts sollte zum **speziellen, aktuellen Anlaß der Begutachtung** führen, wobei auf die speziellen Fragestellungen und Zielsetzungen eingegangen werden soll.

Es geht darum, ... /
Es soll begründet werden mit Hilfe psychologischer Verfahren ...

Die **Wiederholung der vollständigen Fragestellung** schließt diesen Punkt ab.

Beispiele für den Inhalt des bisherigen Sachverhalts bei entsprechenden Fragestellungen

- geht es um Fragen der **Schulberatung**, so sind auf jeden Fall die Schullaufbahn und bisherigen schulischen Leistungen anzugeben.
- bei Problemen des **Versagens in der Schule**, sind die Entwicklung der Schulleistungen, der Zeitpunkt des Versagens, die Noten in den einzelnen Fächern sowie Eltern- und Lehrerurteile zu berücksichtigen.
- stehen **Verhaltensauffälligkeiten** im Vordergrund, ist anzugeben, wie sie aussehen und ab wann sie auftraten.

II. Die psychologische Untersuchung

... *(Name des Pbn)* ... unterzog sich am ... (*und am* ...) im ... *Institut / in der Praxis / in der Klinik* (u. ä.) *freiwillig / auf Veranlassung der Eltern / des Heimleiters* (u. ä.) einer *mehrstündigen / insgesamt ...-stündigen Untersuchung*, bei der folgende Verfahren zur Anwendung kamen:

Die Darstellung der psychologischen Untersuchung sollte mit einer **präzisen Angabe über Ort, Zeit und Rahmen der Untersuchung,** sowie auf wessen oder **welche Initiative** hin sie durchgeführt wurde, beginnen.

Intelligenz-Struktur-Test (IST)
Leistungs-Prüf-System (LPS)
Prüfsystem für Schul- und Bildungsberatung (PSB)
Adaptives Intelligenz Diagnostikum (AID)
Hamburg-Wechsler-Intelligenz-Test für Erwachsene (HAWIE)
Standard-Progressive-Matrices (SPM)
Figure Reasoning Test (FRT)
Grundintelligenztest Skala 2 (CFT 20)
Aufmerksamkeits-Belastungs-Test (d2)
Konzentrations-Leistungs-Test (KLT)
Konzentrations-Verlaufs-Test (KVT)
Berufs-Interessen-Test (BIT)
Differentieller Interessen-Test (DIT)
Mannheimer biographisches Inventar (MBI)
Problemfragebogen für Jugendliche ((Probl. Fb))
Kinder-Angst-Test (KAT)
Persönlichkeits-Interessen-Test (PIT)
Freiburger Persönlichkeits-Inventar (FPI)
MMPI Saarbrücken
(deutsche Bearbeitung des Minnesota Multiphasic Personality Inventory)
Maudsley-Personality-Inventory (MPI)
Hamburger Neurotizismus- und Extraversionsskala für Kinder und Jugendliche (HANES)
Picture-Frustration-Test (PF)
Thematischer Apperzeptions-Test (TAT)
Rotter-Satzergänzungsverfahren ((Rot))
Rorschach Verfahren ((Ro))
Sceno-Test

Exploration ((Expl.))
Verhaltensbeobachtung ((Verh.))

Es schließt sich eine **Aufzählung all der Verfahren an, die zur Anwendung kamen,** einschließlich der Exploration und der Verhaltensbeobachtungen (in unserer Auflistung werden alle Verfahren angegeben, deren Befundmuster sich in Teil (B) dieses Buches befinden).
Die Verfahren sollten in ihrer **ausführlichen Schreibweise** wiedergegeben werden, wobei es sich empfiehlt, die gebräuchlichen und im Gutachten verwendeten Abkürzungen in Klammern dahinter zu setzen.
Die Reihenfolge ergibt sich sinnvollerweise aus der **Gliederung von klar strukturierten hin zu weniger klar strukturierten Verfahren,** in der man auch Tests aufführen sollte, die in der Untersuchung ‚nebenbei' verwendet wurden.

(Folgende Verfahren konnten nicht angewandt werden, da der Pb . . .)

Falls **bestimmte Verfahren nicht zur Anwendung** kommen konnten, die für die vorliegende Fragestellung relevant gewesen wären, sollte man eine kurze Mitteilung darüber und die Gründe dafür anschließen.

1. Entwicklungsgang und derzeitige Lebensumstände

Dieser Teil sollte die **wesentlichen Aspekte der Entwicklungs- und Lebensumstände bezogen auf die Fragestellung** umfassen, und zwar so, wie sie sich aus der **Sichtweise des Probanden** darstellen.
Dafür empfiehlt es sich, zwei Kriterien zu beachten: einmal die **Vollständigkeit der Darstellung,** es sollten also alle wichtigen Lebensbereiche und entscheidenden Entwicklungsaspekte berührt werden; zum anderen die **integrierte Betrachtungsweise,** d. h. möglichst eine reine Aneinanderreihung von Aussagen zu vermeiden, vielmehr thematisch geordnet die wichtigen und für die Fragestellung relevanten Bereiche der bisherigen Entwicklung des Probanden und seiner gegenwärtigen Lebensverhältnisse anzugeben.
Um die Sichtweise des Untersuchten nicht zu verlassen, ist es ratsam, in diesem Teil hauptsächlich **Material aus der Exploration** heranzuziehen, auf die Anamnese nur zurückzugreifen, soweit der Proband sich nicht erinnert. Auf genaue **Angabe der Datenquelle** (Pb, Eltern, Heimleiter, Klassenlehrer, Sozialarbeiter u. ä.) sollte dabei nicht verzichtet werden. Zudem erleichtert es das Verständnis der Aussagen, wenn diese durch **Beispiele** belegt und durch **wörtliche Zitate** untermauert werden. Je nach der bestimmten Fragestellung lassen sich auch Teile in die Stellungnahme des Probanden übernehmen (vgl. 2. Die Stellungnahme des Pb zur Fragestellung und seinem bisherigen Verhalten)
Im folgendem sind nun anhand einer Reihe von Formulierungshilfen und Gliederungshinweisen die relevantesten Bereiche aufgeführt, die zur Sprache kommen sollten.

... wurde am ... in ... *ehelich / unehelich* **geboren.** Aufgewachsen ist er
in ...

... ist das *einzige / das ... te von* ... **Kindern**/ *gemeinsame Kind* der Eheleute ... .
Die Mutter / der Vater brachte ... (*Name des Pbn*) ... in die Ehe mit *ihrem / seinem Mann / Frau / dem Stiefvater / der Stiefmutter* von ... mit ein.
Beide *Ehegatten (Stiefvater / Stiefmutter*) brachten Kinder in die Ehe mit.

Die **Mutter** ist jetzt ... Jahre alt und arbeitet *halb- / ganztags*, deshalb ... / *ist nicht berufstätig* ... .
Der (leibliche) **Vater** ist ... Jahre alt und von Beruf ... , wodurch ... .
Der Pb hat ... **Geschwister,** von denen keine *Auffälligkeiten bekannt sind / ein Bruder erkrankte an ... / die Schwester ist von Beruf ... / alle Geschwister sind deutlich älter als der Pb* (u. ä.)

Die Familie **wohnt** in einem *kleinen Dorf / in ... / einer engen Mietwohnung / einem Eigenheim / einem Reihenhaus ...* (u. ä.)

Die **Ehe der Eltern** wurde ... geschieden, der Pb wohnt *seitdem / seit* bei *Vater / Mutter* in ... .

Punkt **1** den man aufnehmen sollte, **umgreift den formalen Rahmen der Entwicklung und Lebensumstände des Probanden,** also seine Eltern und Geschwister, den Beruf der Eltern und welche Konsequenzen sich daraus für die Erziehung des Kindes ergaben bzw. ergeben, die ehelichen Verhältnisse im speziellen und die Familienverhältnisse im allgemeinen. Das Besondere des jeweiligen Falles sollte man im Auge behalten.

Die **Beziehungen zu den Eltern** stellt der Pb als ... dar. / *Er legt ihnen zur Last, daß / es habe ihn gestört, daß ... / er habe vermißt, daß ... / habe sich immer gewünscht, daß* ... .
Das **Verhältnis der Eltern untereinander** schildert der Pb als ...
Der Pb äußert die Meinung, die Eltern hätten ihn mit *zuviel Strenge / Milde / Nachlässigkeit* ... erzogen. Er beschreibt den **Erziehungsstil der Eltern** als ... .
Seit ... habe sich das **Verhältnis zu den Eltern** aufgrund der ... *verbessert / verschlechtert / geändert*, und zwar ...

Punkt 2 bezieht sich auf das **Verhältnis des Untersuchten zu seinen Eltern,** und zwar so, wie es sich für ihn darstellt, wie er es in der Exploration schilderte. Dabei sollte man auf Änderungen des Verhältnisses ebenso achten wie auf seine Einschätzung des Erziehungsstils der Eltern und darauf, wie er die Beziehung seiner Eltern zu ihm wahrgenommen hat.

> Über das **Verhältnis zu seinen Geschwistern** sagt der Pb . . . / *mit ihnen sei er immer gut / nie . . . zurecht gekommen.*

Der 3. Punkt, auf den man eingehen sollte, berührt das **Verhältnis des Probanden zu seinen Geschwistern.**

> . berichtet über *ihre / seine* **Geburt und frühe Kindheit,** daß sie . . sei.
> (Die Mutter gibt an, daß . . .'s Geburt und frühe Kindheit . . . /
> Es sind keine Angaben / Unterlagen über . . .'s Geburt und seine frühkindliche Entwicklung bekannt)
> Über seine **Kindheit** gibt der Pb an, daß . . . (. . . sei immer *anfällig, kränklich, unglücklich* u. ä. gewesen / *habe unter . . . gelitten / sei niemals ernsthaft krank gewesen . . .)*
> Nach seinen **Erlebnissen in der Kindheit** befragt, betont der Pb besonders . . . .
> Der Pb erzählt, daß in seiner *Jugend* . . . .
> (Laut Bericht des . . . war die Kindheit . . .)

In diesem Punkt 4 geht es hauptsächlich um **Entwicklungsauffälligkeiten und besondere einschneidende Erlebnisse,** die im Rahmen der Fragestellung eine bestimmte Rolle spielen können. Man sollte also auf diesen Bereich besondere Sorgfalt verwenden.
Falls die Exploration hierfür nicht ausreichend ergiebig war, können unter Angabe der Quellen Aussagen der Eltern oder anderer maßgeblicher Personen herangezogen werden.

> Der Pb schildert seine **Kindergartenzeit** als . . . . Über das Verhältnis zur *Kindergärtnerin / der Erzieherin* berichtet er, daß . . . .
> Die Beziehung zu den Spielkameraden im Kindergarten sei . . . gewesen.
> Der Pb erinnert sich außerdem an einen **Heimaufenthalt** . . . / er berichtet über einen **Erholungsurlaub** in . . . daß . . .

Punkt **5** sollte auf die **Kindergartenzeit** des Probanden eingehen, so wie er sie schildert; Heimaufenthalte während der Ferien oder aus bestimmten Gründen sollten erwähnt werden, wenn sie in irgendeiner erkennbaren Beziehung zu den untersuchten Problemen stehen könnten.

> Der Pb gibt an, *viele* / *wenig* / *gar keine* **Freunde** / **Freundinnen** zu haben. Er glaubt in seinem Freundeskreis *(sehr) beliebt* / *unbeliebt* zu sein, z. B. unternimmt er mit seinen Freunden *häufig* / *selten* . . . .
> Der Pb gibt an, daß er am liebsten *alleine* / *mit* . . . **spielt.** Er bekundet *kein* / *großes* / *mäßiges* Interesse am Umgang mit *gleichaltrigen* / *jüngeren* / *älteren* Freunden.
> Über das **Verhältnis zu** seinen *Klassenkameraden* / *Berufskollegen* / *Kindern aus der Nachbarschaft* / *Bekannten* (u. ä.) führt . . . aus, daß er . . . .
> Sein **Verhältnis zum anderen Geschlecht** schildert der Pb / umschreibt er mit den Worten . . . .

Einer nächster Punkt **6**, den man in die Darstellung des Entwicklungsgangs aufnehmen sollte, befaßt sich mit dem **Sozialkontakt des Probanden während seiner ganzen Entwicklung** bis zu seinem gegenwärtigen Verhältnis zu Freunden, Bekannten und dem anderen Geschlecht.

> Seine **Schulzeit** betreffend gibt der Pb an, ...
> *Besondere* / *keine* **Schwierigkeiten** hätten ihm *Klassenkameraden* / *Lehrer* / *Anforderungen* in . . . gemacht, z. B. hätte er . . . .
> Seine **Noten** seien *generell* / *selten ausgezeichnet* / *befriedigend* / *ungenügend* . . . gewesen, besonders im Fach . . . *hätte er sich hervorgetan* / *hätte er nie Schwierigkeiten gehabt* / *wäre er stark abgefallen* (u. ä.) Seine **besonderen Interessen in der Schule** würden bei . . . liegen.
> Insgesamt meint der Pb, sei er *sehr gern* / *ungern* / *äußerst ungern* zur Schule gegangen.
> **Nach der Schulzeit** *habe sich eine dreijährige Lehre als . . . angeschlossen* / *habe er seinen Wehrdienst abgeleistet* (u. ä.) . . .

Mit Punkt **7** empfiehlt es sich auf die Schilderung der **Schulzeit** einzugehen, die **Ausbildung** des Probanden und seinen **Beruf** zu betrachten. Insbesondere ist es ratsam, auf hervorgehobene Fähigkeiten und Interessen in diesem Bereich zu achten, an welchen Stellen Schwierigkeiten aufgetreten seien, und wie er sich selber in diesem Zusammenhang beurteilt. Anschließend sollte man kurz den Bildungsgang bzw. die **Ausbildung bis zur Gegenwart** skizzieren.

> Was seine *Hobbies / Freizeitbeschäftigungen / Interessen* anbelangt, so führt der Pb aus, daß er ... *mache / sich mit ... beschäftige / ... überhaupt nicht möge* . Er fährt fort, daß er sich *stark / sehr stark / weniger* für ... interessiere / *besonders gern täte. In seiner* **Freizeit** beschäftige er sich *besonders mit / ... er am liebsten, weil* ... .

Punkt 8, den man aufnehmen kann, gibt die besonderen **Interessen, Vorlieben und Hobbies** des Probanden an, womit er sich nach seinen Angaben am liebsten in der **Freizeit** beschäftige, bzw. was ihn überhaupt nicht interessiere.

> In ... **Situationen** verhält sich der Pb nach seinen Ausführungen in ... Weise. Befragt, wie er auf ... reagiere, äußert der Pb, daß ... .
> Seine **Einstellung** zu ... ist durch ... gekennzeichnet.
> *Angst / besondere Freude / Abscheu* ... empfinde er *vor ... / wenn ...*
> **Sich selbst schildert der Pb** als ... .

Mit Punkt 9 kann man auf die **Selbsteinschätzung** des Probanden, auf **typische Verhaltensweisen und Einstellungen,** die er beschreibt, eingehen. Man sollte sich allerdings überlegen, wieweit diese Aussagen evtl. für die Stellungnahme des Probanden zur Fragestellung relevant sind, und sie dann gegebenenfalls, um Wiederholungen zu vermeiden, erst dort ausführen.

> Was seine **Zukunftspläne** anbelangt, so meint der Pb, ... Er stellt sich seine Zukunft *optimistisch / pessimistisch* vor, besonders im Bereich ... erwartet er sich, daß ... .
> Seine **Wünsche,** was ... betrifft, sind ... . Für seine weitere *Ausbildung / Berufslaufbahn* stellt sich der Pb vor, daß ... .

In einem abschließenden Punkt 10 können die vom Probanden beschriebenen **Zukunftsaussichten und -erwartungen**, seine Wunschvorstellungen im persönlichen und beruflichen Bereich aufgeführt werden. Eine Wiedergabe des **Selbstkonzepts** des Probanden bietet sich als Überleitung zum nächsten Teil an.
An dieser Stelle sei nochmals daraufhingeweisen, daß man sich bei der Darstellung des Entwicklungsgangs und der derzeitigen Lebensumstände nicht starr an ein festgelegtes Schema oder die hier vorgeschlagene Reihenfolge halten sollte. Es ist eher ratsam, die wesentlichen Bereiche anhand der **Aussagen** in der Exploration zusammenzustellen und **in einer Darstellung des Entwicklungsgangs zu integrieren, die dem spezifischen Probanden gerecht wird und vollständig alle Lebensbereiche auf die Fragestellung des Gutachtens bezogen berührt.**

2. Stellungnahme des Pb zur Fragestellung und zu seinem bisherigen Verhalten

Dieser Teil sollte **alle Aussagen des Probanden** enthalten, die sich **auf alle Komponenten der Fragestellung** beziehen. Insbesondere erscheint es wichtig, folgende vier Punkte anzusprechen.

Der Pb äußert sich zu den angesprochenen Schwierigkeiten . . . *in der Weise, daß / gar nicht.* . . . (Probleme / Delikte / Versagen) werden von ihm *bagatellisiert / abgeschoben / heftig bestritten.*
Zu . . . nimmt er *keine / nur zögernd / freimütig* Stellung . . . .

Wie aus diesen Beispielen ersichtlich, sollte also **1** angeben, **wie der Proband auf den Sachverhalt eingeht,** was er dazu sagt und wie er ihn darstellt.

Darauf angesprochen, wie sich die Probleme für ihn auswirkten, sagte der Pb wörtlich:„. . .“ . . . sei *ganz besonders / nicht weiter* schlimm für ihn.

Punkt 2 sollte schildern, wie der Untersuchte den **Sachverhalt für sich selber** sieht, welche Bedeutung er ihm zumißt und welche Auswirkungen er sieht.

Was den Grund für . . . angeht, so meint der Pb (nicht), daß . . . .
„ich glaube nicht, daß . . . " oder „das . . . kann gar keine Rolle spielen"

In 3 würde sich anschließen, **welche Ursachen und Motive der Proband sieht,** wie er sich die Probleme erklärt.
Dabei sollte er möglichst in seinen eigenen Worten wiedergegeben werden.

Konkrete Vorstellungen von dem, wie es *nun / in der Schule / im Beruf weitergehen / vorangehen* soll hat er nicht. Auch was . . . betrifft macht er sich wenig Gedanken, so äußert er z. B.: „. . . "
Befragt, wie er sich . . . vorstellt, gibt er freimütig zu, daß . . . .
Auf die Frage, ob er bereit wäre, bei der Lösung seiner Schwierigkeiten mitzuarbeiten, erklärt der Pb: „. . . "

Zum Schluß, als Punkt **4** dürfte nicht vergessen werden, anzugeben, **welche Lösungen und Zukunftsperspektiven** er in der Exploration angegeben hat, also, ob er sich auf Hilfe von außen verläßt oder tatkräftig mitarbeitet, ob er schon bestimmte Vorstellungen hat oder sich kaum Gedanken macht.

Im Rahmen der Stellungnahme des Probanden, zu deren Abfassung die oben beschriebenen vier Gliederungspunkte und jeweiligen Formulierungsvorschläge eine Hilfestellung geben sollten, ist es günstig, das **Hauptgewicht auf die inhaltlichen Aussagen** des explorierten Probanden zu legen, ihn an den wichtigen Punkten **wörtlich zu zitieren.**
Zur Verdeutlichung empfiehlt es sich, die jeweiligen Aussagen mit Beispielen zu belegen und **die Verhaltensbeobachtung** während der Exploration **einzubeziehen.** So kann es nicht unwichtig sein, die jeweilige Art und Weise, wie der Proband seine Ausführungen machte, zu ihnen in Beziehung zu setzen, zu entsprechenden Zitaten also anzugeben, ob die Antwort ruhig, oberflächlich, geistesabwesend, ängstlich oder resigniert gegeben wurde, ob der Proband ein engagiertes Verhältnis oder mehr ein distanziertes zu seinen Angaben hat.

3. Allgemeine Leistungsaspekte

In diesem Teil des Gutachtens ist es wichtig, eine möglichst **vollständige und integrierte**, also zusammenhängende **Darstellung der Leistungsaspekte des Probanden** zu erreichen unter Berücksichtigung

- **bestimmter Bedingungen** (wurden die Ergebnisse z. B. unter Zeitdruck oder nicht erzielt, handelte es sich um eine strukturierte Situation oder mußte der Pb zusätzlich Strukturierungskriterien entwerfen u. ä.),
- **des Verhältnisses zu im Alltag erbrachten Leistungen** (die aus der Exploration der Anamnese ersichtlich sind. Auftretende Widersprüche und Diskrepanzen sollten möglichst aufgelöst werden.),
- **bestimmter, in der Exploration geäußerter Fertigkeiten und Fähigkeiten** (beispielsweise sind eine Vorliebe für Bastelarbeiten und eine im Test unter Beweis gestellte Geschicklichkeit in Zusammenhang zu bringen).

Es empfiehlt sich, die verschiedenen in den Verfahren ermittelten Resultate, die sich auf die allgemeinen Leistungsaspekte beziehen, in **Einheiten zusammen zu fassen**, um eine sowohl vollständige als auch übersichtliche Wiedergabe der in der psychologischen Untersuchung eruierten Ergebnisse des Leistungsbereichs zu erreichen. Dabei sollte man sich dem Anspruch psychologischer Tests gemäß auf die **Beschreibung von Verhalten** beschränken, statt Fähigkeitsbegriffe zu verwenden (‚verbale Intelligenz‘ z. B. ist als ‚Umgang mit sprachlichem Material, Wortflüssigkeit, etc.‘ zu umschreiben). Außerdem ist es günstig, das Verhalten, das der Proband während der Untersuchung zeigte, einzubeziehen; also anzugeben, ob er bereitwillig mitarbeitete, wie hoch seine Einsatzbereitschaft war, u. ä.
Bevor wir zu einigen Bemerkungen zum Inhalt dieses Gutachtenteils kommen, noch zwei formale Hinweise: zum einen sollte zu jeder Aussage **am Rand das Verfahren angegeben** werden, auf die sie sich stützt, zum anderen sind beim Erwähnen des Intelligenz-Quotienten (**IQ**) des Probanden die **testspezifischen Angaben** zu berücksichtigen.
Da die Leistungsaspekte ebenso wie die sich anschließenden Persönlichkeitsaspekte im Gutachten auf den jeweils untersuchten Probanden zugeschnitten und auf die spezifische Fragestellung bezogen sein sollten, ist es nicht ratsam, schematisch die einzelnen Bereiche des intellektuellen Spektrums abzuhandeln.

Die hier angegebenen Aspekte in Verbindung mit den Verfahren, die über sie Aufschluß geben, sollen vielmehr dazu dienen, einen groben Leitfaden abzugeben, anhand dessen **die einzelnen Testbefunde zu einem einheitlichen, integrierten Leistungsbild des Probanden zusammengefaßt werden** können.

Je nach Problem und den Besonderheiten des Probanden können **folgende Punkte berücksichtigt und unterschiedlich gewichtet** werden:

- die Gesamtleistung, allgemeine intellektuelle Fähigkeit
  IQ, Gesamtstandardwert, Prozentrang, Schulstandardwert, Schultypenvergleich, Berufsprofil
  Leistung in strukturierten Situationen im Vergleich zu der in unstrukturierten Situationen
- die Begabungsschwerpunkte, besondere Fähigkeiten in bestimmten Bereichen
  herausragende Subtestleistungen
  Wortschatz, Verbalität, Rechtschreibkenntnisse
  sprachlich-theoretische vs. praktische Orientierung
  globale Auffassung vs. praktische Interessen
  geisteswissenschaftliche vs. naturwissenschaftliche Begabung
  logisches Denken, Erkennen von Regeln und Gesetzmäßigkeiten
  Unterscheidungsfähigkeit
  Kombinationsfähigkeit, geistige Mobilität
  Merkfähigkeit, Gedächtnis, Aufmerksamkeit
  Leistung unter Zeitdruck im Vergleich zu der ohne Zeitdruck
- ‚Minderbegabungen', auffallende Leistungsmängel
  stark unterdurchschnittliche Subtestwerte
  Versagen bei bestimmten Anforderungen
- Denkablauf und Intelligenzstruktur
  Denkflüssigkeit
  Schöpferisches Denken
  geordnet vs. ungeordnet, logisch vs. unzusammenhängend und durcheinander im Denken
  Oberflächlichkeit vs. tiefgehende Gedanken
  Urteilsvermögen
  Sprachlich-technische Struktur vs. naturwissenschaftlich-technische Struktur
  Theoretisch vs. praktisch
- Widersprüche und Kontraste innerhalb der Leistung
- Allgemeinbildung und Interessen
  Wortschatz und Wortgewandtheit
  allgemeines Wissen
  Interessensbreite
  Hobbies und Freizeitbeschäftigung
  Abneigungen
  Vergleich mit geäußerten Wünschen
- Konzentration und Aufmerksamkeit
  Leistungsmenge
  Arbeitstempo

Arbeitsgüte und Genauigkeit
Lösen einfacher Rechenaufgaben
Konzentrationsstörungen
Gründe für mangelnde Konzentrationsfähigkeit
- Leistungseinstellung
  willensmäßige Anstrengung
  Anspruchsniveau
  Leistungsmotivation
  Vergleich der Testleistungen zu im Alltag erbrachten Leistungen
  Kritikfähigkeit
- Hypothesen über den optimalen Einsatz der intellektuellen Fähigkeit
  Volle Leistungsfähigkeit in der Untersuchung gezeigt oder nicht
  mögliche Gründe für den unvollständigen Einsatz der intellektuellen Fähigkeiten
- Vergleich der Testleistungen zu den unter Alltagsbedingungen erbrachten Leistungen
  Schulerfolg, Schulnoten
  berufliche Laufbahn
  Ausbildungsgang
  weitere Beurteilungen
- Beziehung zu den vom Probanden selbst in der Exploration geäußerten Leistungsaspekten
  Schwierigkeiten
  Vorlieben und Abneigungen
  Interessen
  besondere Fähigkeiten und Erfolge
- Verhaltensbeobachtung
  Verhaltensbeobachtung während der Exploration, insbesondere wenn das Thema „Leistung" berührt wird
  Verhaltensbeobachtung während der Untersuchung und Testdurchführung

Im folgenden soll nun aus dem obigen Katalog von Leistungsaspekten ein Vorschlag für den Aufbau dieses Gutachtenteils gewonnen werden, der auch einige Formulierungshilfen einbezieht und Hinweise auf Verfahren gibt, aus denen entsprechende Aussagen gezogen werden können.

Vorschlag für den Aufbau der allgemeinen Leistungsaspekte

(GL/GSW/IQ) HAWIE/ IST/LPS	Die intellektuellle Leistungsfähigkeit des Pb ... In dem durchgeführten Leistungsverfahren erreichte der Pb einen Intelligenzquotienten von ..., der bei Berücksichtigung der Meßungenauigkeit des Verfahrens mit 95 % Wahrscheinlichkeit im Bereich von ... bis ... liegt.
(PR)	Die erreichte Gesamtleistung, die einem Prozentrang von ... entspricht, liegt damit *im unteren / oberen Durchschnitsbereich / deutlich unter / über dem Durchschnitt.* Nur etwa ... % der Gleichaltrigen erzielen gleich gute oder bessere Ergebnisse.
(SSW)IST	Verglichen mit den Gleichaltrigen gleicher Schulbildung (...) liegt der Pb mit einem Schulstandardwert von ... *im Durchschnitt / unter / über dem Durchschnitt.*
(1+2):(3+4) LPS/PSB	Insgesamt dürfte dabei die potentielle intellektuelle Leistungsfähigkeit des Pb *größer / im Abbau begriffen / erreicht* ... (vgl. Befundmuster LPS) sein.

1 Als Einstieg empfiehlt sich ein kurzer Abriß der in den verwendeten Verfahren erzielten **Gesamtleistung im Vergleich zur entsprechenden Altersstufe und Schulbildung** (soweit die Testhandbücher Vergleichswerte angeben).
Kamen mehrere Leistungsverfahren zur Anwendung, so sollte man die Befunde gegenseitig abstützen. Nicht vernachlässigen sollte man die Besonderheiten der jeweiligen Testverfahren.

(VIQ/HIQ) HAWIE (Subtests)	Seine Begabungsschwerpunkte scheinen ... zu liegen. / Besondere Fähigkeiten zeigt der Pb im Umgang mit ... /
IST/LPS/ PSB/HAWIE	Bei Aufgaben, die ... verlangen, zeigt der Pb ...

IST/LPS/PSB/d2	In Belastungssituation, besonders wenn er unter Zeitdruck arbeiten muß, zeigt sich der Pb *sicher / unsicher*, er arbeitet *sehr / durchschnittlich / wenig* sorgfältig.
HAWIE / SPM	Steht der Pb nicht unter Zeitdruck, dann fällt es ihm *leichter / schwerer* . . .
Hawie (VIQ/HIQ)	Theoretisch-sprachliche Aufgaben / praktische Situationen kann der Pb . . . (vgl. Hawie Befundmuster).
Ro (F+%, W %, D %)	Beim Herangehen an eine für ihn noch unstrukturierte Situation, die er selbständig gestalten soll, zeigt der Pb eher eine Art der *globalen Auffassung / praktisch ausgerichtete Interessen.* (vgl. Befundmuster Ro)
LPS/PSB (1+2)	*Über / unter / durchschnittlich* sind die Fähigkeiten des Pb in der Rechtschreibung, was auf eine gute Allgemeinbildung vor allem bezüglich der Wortkenntnis schließen läßt. . . .

2 Im Anschluß an die Gesamtleistung bietet es sich an, die **Begabungsschwerpunkte und besonderen Fähigkeiten** des Probanden auszuführen, die er in den einzelnen Verfahren unter Beweis stellte. Dabei sollte man weniger Fähigkeitsbegriffe verwenden, sondern auf Verben, die seine Leistungen beschreiben, zurückgreifen.

(jeweilige Subtests) (PR)	Geringere Leistungen erbringt der Pb in . . ., wobei er schlechter als . . . % der Gleichaltrigen abschneidet

3 Gegen seine Schwerpunkte lassen sich die gezeigten **Leistungsmängel** halten.

	Daß sich zwischen den . . . erbrachten Leistungen und . . . ein Widerspruch zeigt, mag darauf zurückzuführen sein, daß . . . Der Kontrast zwischen . . . und . . . weist darauf hin, daß . . . .

4 Falls **Widersprüche** in den gezeigten Leistungen auftreten, sollten sie **zusammengefaßt** und anschließend **aufgelöst** werden. Ein Beispiel für ein solches Kontrastsyndrom wäre eine überdurchschnittliche Gesamtleistung im Hawie, der eine weniger gute in IST oder LPS gegenübersteht – der Grund für diesen Unterschied kann in der Irritierbarkeit des Probanden bei zeitlicher Belastung liegen.

Expl./Anamn.	Über seine eigene Leistung in der Schule / seine Interessen sagt der Pb selbst . . . . Er berichtet, daß er in der Schule . . . (besondere Leistungen bzw. Schwierigkeiten).
PIT, DIT	Seine Interessensbreite . . . . Besonders ausgeprägt ist . . . Seine Leistungen in der Schule / im Beruf sind . . . .
SSW IST/LPS/PSB	Verglichen mit den Gleichaltrigen gleicher Schulbildung ist die erreichte Leistung . . . .

5 In Verbindung mit den in der Untersuchung erbrachten Ergebnissen sollten die Informationen aus Exploration und Anamnese, soweit sie den Leistungsbereich umfassen, angeführt werden. Dabei kann man darauf eingehen, was der **Proband selbst zu seinen Interessen, Hobbies und Leistungen in Schule und Beruf** geäußert hat, und die **objektiven Daten** (Schulnoten, Zeugnisse) einbeziehen. Als zusätzliche Anhaltspunkte können die Vergleiche mit Berufsgruppen oder Schultypen herangezogen werden, falls die Testmanuale entsprechende Daten anbieten (vgl. z. B. IST oder PSB).

Ro	Muß der Pb eine für ihn unstrukturierte Situation selbständig gestalten, . . . (vgl. Befundmuster Rorschach) . . . (lassen sich Aussagen machen über:)
W %, F+%, D %	. . . den Wahrnehmungsmodus des Pb . . .
A %	. . . die Interessen und den Ablauf der Gedanken . . .
Antw.	. . . seine schöpferischen Fähigkeiten . . .
Expl.	Der Pb selbst gab in der Befragung *eine / keine* Freude am Gestalten an. Was seine Neigungen und Interessen angeht, so . . .

6 Die **Leistungsaspekte der Rorschach-Untersuchung** sollten abgesetzt von den Ergebnissen der Leistungs- und Fähigkeitstests besprochen werden, da in den jeweiligen Testsituationen unvergleichbare Anforderungen gestellt werden (strukturierte vs. unstrukturierte Situation). Für die einzelnen Aussagen, die sich aus dem Rorschach-Befund ergeben können, sei auf das entsprechende Befundmuster verwiesen. Zu erwähnen bleibt hier nur, daß man die Ergebnisse in Beziehung zu den anderen Untersuchungsresultaten diskutieren sollte und evtl. eine Verbindung zu den vom Probanden in der Exploration geäußerten Neigungen und Interessen, besonders, was seine Einstellung zum schöpferischen Gestalten betrifft, herstellen kann, wie es in dem obigen Formulierungsvorschlag angedeutet ist.

d2, LPS (13+14), Arbeitskurve	Die Leistungsmenge und das Arbeitstempo des Pb . . .
Arbeitskurve (1+2)	Einfache Rechenaufgaben vermag er . . .
IST(ME) HAWIE (RD,ZS) d2, KLT,	Seine Konzentration unter zeitlicher Belastung ist nach den im Test erbrachten Leistungen / in Belastungssituationen, wie z.B. unter Zeitdruck, zeigt sich der Pb *auch* / *jedoch unsicher und irritierbar* / *sicher und* den Anforderungen *durchschnittlich* / *überdurchschnittlich* / *unterdurchschnittlich* gut gewachsen.
d2, KLT, KVT	Dabei arbeitet er *sehr* / *durchschnittlich* / *wenig* sorgfältig.
Expl.	Wie der Pb berichtet, kommt es auch in der Schule / im Beruf *manchmal* / *häufig* vor, daß . . . (Angaben über Konzentrationsstörungen). Bei Haus- oder Schulaufgaben / bei anstrengenden Arbeiten . . . gibt der Pb an, . . .
Ro, Expl.	Gründe dafür könnten in . . . *Hemmungen* / *Angst* vor . . . / . . . u. ä. liegen.

7 Ein weiterer wichtiger Aspekt, der erwähnt werden sollte, ist die **Konzentrationsfähigkeit und Arbeitssorgfalt** des Probanden, wobei gesondert auf die Konzentration unter zeitlicher Belastung eingegangen werden kann. Auch hier ist es günstig, die gezeigten Ergebnisse in Verbindung mit geäußerten Schwierigkeiten zu bringen und mögliche Erklärungen für Schwächen aufzuzeigen.

LPS (13+14) Arbeitskurve, KLT, d2 (Gz–F)	Die willensmäßige Anstrengung des Pb . . .
Ro(W:M), Rot., Expl. Verh.	Er besitzt ein den gezeigten Leistungen *angemessenes / zu hohes / ausgesprochen niedriges* Anspruchsniveau . . .

8 Aussagen über die **Leistungseinstellung des Probanden,** wie sie sich aus den durchgeführten Verfahren, der sie begleitenden Verhaltensbeobachtung und den eigenen Schilderungen in der Exploration ergeben, sollten in die allgemeinen Leistungsaspekte integriert werden.

	Die allgemeine intellektuelle Leistungsfähigkeit des Pb, bzw. eine optimale Ausschöpfung seiner vorhandenen intellektuellen Anlagen ist möglicherweise beeinträchtigt durch
d2, IST (ME)	– Irritierbarkeit bei zeitlicher Belastung
Ro, PIT, Expl	– geringe Interessenbreite
Anamn.	– mangelnde Schulbildung
Ro, TAT, FPI, PIT	– tiefgreifende emotionale Schwierigkeiten oder starke innere Spannungen
Expl.	– Druck und überstarke Erwartungshaltungen von außen
	– Mißerfolgserwartungen
Ro(W %, F+%) PIT	– mangelnde Kritikfähigkeit oder überhöhtes Anspruchsniveau
Ro(W %, F+%)	– Oberflächlichkeit in Denkprozessen
	– . . . u. ä. . . .

9 Den Abschluß der Leistungsbegutachtung könnten **Hypothesen über den optimalen Einsatz der intellektuellen Fähigkeiten des Probanden** bilden, die selbstverständlich durch Testbefunde oder Schlüsse aus der Exploration abgestützt sein sollten.

Einige testspezifische Hinweise zu den allgemeinen Leistungsaspekten

1 allgemein

IST, LPS (PSB), HAWIE messen Intelligenzleistungen in strukturierten Zusammenhängen, ähnlich der schulischen Situation

IST, LPS (PSB)	verlangen Leistungen unter Zeitdruck
HAWIE	Ergebnisse kommen ohne Zeitdruck zustande; nur wenige Subtests mit zeitlicher Begrenzung.
Rorschach	stellt eine unstrukturierte Situation dar, der Pb steht niemals unter Zeitdruck, sieht sich keiner erkennbaren Leistungsanforderung gegenüber

2 Stressyndrom
Der Pb zeigt sich besonders anfällig gegenüber Stressituationen, wenn er folgende Leistungen erbrachte:

IST (GSW)	unterdurchschnittlich	Ro	überdurchschnittlich
IST (ME)	unterdurchschnittlich		
LPS (13+14)	unterdurchschnittlich		
d2	unterdurchschnittlich		

3 Zeitdruck vs. ohne Zeitdruck
Auf starke Irritierbarkeit des Pb bei Anforderungen unter zeitlicher Belastung läßt sich schließen, wenn er folgendermaßen arbeitet:

IST	unterdurchschnittlich	Ro	überdurchschnittlich
LPS	unterdurchschnittlich	Hawie	überdurchschnittlich
d2	unterdurchschnittlich		

(GZ–F = Leistungsgüte)

4 Feldunabhängigkeit
Bei folgenden Testergebnissen zeigte der Pb besonders gutes selbstständiges Erkennen, was sich als Feldunabhängigkeit interpretieren läßt:

IST (GE)	überdurchschnittlich
HAWIE (GF)	überdurchschnittlich
Ro (F+%, W %)	überdurchschnittlich

4. Persönlichkeitsaspekte

Für den Persönlichkeitsteil des Gutachtens erscheint es in noch stärkerem Maße erheblich, darauf zu achten, daß **der Besonderheit des Probanden Rechnung getragen** wird, daß also die in der Untersuchung ermittelten Merkmale nicht in ein vorgefertigtes Schema gepreßt und nach zutreffend bzw. nicht zutreffend abgehakt werden, sondern daß **die jeweils spezifischen Persönlichkeitsaspekte vollständig und integriert** dargestellt werden.

Auch hierbei sollten

– die **spezifischen Bedingungen** unter denen die Persönlichkeitsmerkmale eruiert wurden (z. B. Belastungssituationen, Medikamenteneinfluß, störende Einflüsse u. ä.)

- das **Verhältnis zu im Alltag gezeigten Verhaltensweisen** (Sozialverhalten, Verhalten in Familie und Schule oder Beruf),
- die **Beziehung zu bestimmten Merkmalen, die der Proband in der Exploration zeigte oder beschrieb**

berücksichtigt werden.

Eine besondere Stellung nimmt in diesem Teil der Versuch ein, **in einer genetischen Herleitung bestimmter Persönlichkeitsmerkmale und Verhaltensweisen** den Ursachen der vorliegenden Problematik näher zu kommen. Es sollten aus den vermittels der Exploration gewonnenen Einsichten und den im Laufe der Untersuchung ermittelten Aussagen über die Persönlichkeitsstruktur des Probanden **Hypothesen über die zugrundeliegenden Probleme gebildet und diskutiert** werden.

Um das Verständnis zu erleichtern, bietet es sich auch hier an, die verschiedenen Persönlichkeitsaspekte des jeweiligen Probanden in funktionalen Einheiten darzustellen und am Rand die entsprechenden Verfahren anzugeben, auf die sich die Aussagen stützen.

Bei der vollständigen und strukturierten Darstellung der Persönlichkeitsaspekte des Probanden kann auf **folgende Bereiche** eingegangen werden:

- Verhaltensbeobachtung, wie gibt sich der Pb nach außen
  - äußeres Erscheinungsbild, Veränderungen während der Untersuchung
  - Verhalten gegenüber dem Psychologen und während der Testsituation
  - Eindruck während des Gesprächs
- Selbstbild, Selbsteinschätzung
  - Selbstschilderung des Pb
  - Problemschilderung
  - Selbstkritik
  - Verhältnis Selbstbild zur Realität
- Schilderung der vorliegenden Problematik, Zusammenfassung der Testbefunde in funktionellen Einheiten, die folgende zu integrierende Persönlichkeitsaspekte umfassen können:

  Sozialverhalten:
  - Grundstimmung des Pb
  - Aktivität vs. Passivität
  - Extraversion vs. Introversion
  - Kontaktfähigkeit, Kontaktfreudigkeit
  - Impulsivität
  - Reizbarkeit
  - Aggressivität vs. Zurückhaltung
  - Selbständigkeit vs. Abhängigkeit
  - Verhalten gegenüber Kontakt- und Bezugspersonen, Normen, Regeln des Zusammenlebens, Autoritäten

  - Reaktionen auf Belastungssituationen im sozialen Bereich
  - Zuwendungswünsche, Wunsch nach Anerkennung
  - Durchsetzungsvermögen
  - Intensität der Sozialkontakte
- Sicherheit vs. Unsicherheit
  - Realismus vs. Träumerei
  - Ernst und Unabhängigkeit der Meinungsbildung
  - Radikalität vs. Konformität
  - Autoritätsverhalten
  - Eigenständigkeit vs. Ungefestigtheit
  - Selbständigkeit vs. Abhängigkeit
- Kontrollfähigkeit im emotionalen Bereich
  - Selbststeuerung
  - Spontaneität vs. Gebremstheit, Zurückhaltung
  - Triebsteuerung
  - Labilität vs. Stabilität
  - Aggressivität
  - Problemverarbeitung
  - Impulsivität
- Belastbarkeit
  - allgemeine Belastbarkeit
  - psychische Überanstrengung
  - Belastbarkeit im sozialen Bereich
  - Reaktionen auf Belastungssituationen
  - Phlegma vs. Aufbrausen
- Ausdauer
  - Beharrlichkeit vs. schnelles Resignieren
  - Durchsetzungsvermögen
- Willenskontrolle
  - Ernsthaftigkeit
  - Sorgfalt
  - Gewissenhaftigkeit
  - Ordentlichkeit
- Anspruchsniveau
  - Leistungsmotivation
  - Angst vor Mißerfolg
  - Eigenerwartung vs. Fremderwartung
- Verhalten und Erleben im Leistungsbereich
  - Interesse
  - Konzentration
  - Motiviertheit vs. Desinteresse
  - Ehrgeiz

Umgang mit Einstellungen und Haltungen
Ausrichtung auf ein Lebensziel
Wertorientiertheit
Sprunghaftigkeit vs. Beständigkeit
Realitätsverarbeitung
Affekthaftigkeit vs. Kontrolliertheit
Realitätssinn
Optimismus vs. Pessimismus
Konfliktverarbeitung
Belastbarkeit
Selbstkontrolle
Lösungsbemühungen
Problemeinsicht
Problemreaktionen
Stand der Entwicklung, persönliche Reife
(wie aus den teilweisen Mehrfachnennungen bestimmter Symptome oder Merkmale zu ersehen ist, lassen sich diese Bereiche nicht nacheinander abhandeln, sondern sollten in Einheiten zusammengefaßt werden, die die Besonderheit des Probanden treffen)

– Genetische Herleitung, Ursachen der Problematik
Entwicklungsauffälligkeiten
Artikulation der Zuwendungsbedürfnisse
Traumatisierende Ereignisse
Erziehungsstil der Eltern
Besonderheiten der Erziehung (Heimaufenthalte, Prügelstrafe u. ä.)
Sozialkontakte
Ausbildung
Anforderungen
... (hypothesenartig)
– Art, in der sich der Pb mit seinen Problemen auseinandersetzt
Symptome
Fehlverhalten
Einsicht
Realitäts- und Problemverarbeitung
Reaktionen des Pb und Lösungsverhalten
– Brisanz der Symptome

Vorschlag für den Aufbau der Persönlichkeitsaspekte

Verh.	Der Pb wirkt in seinem äußeren Erscheinungsbild . . . Anfangs überwog . . ., doch trat im Laufe der Untersuchung eine Veränderung in Richtung . . . ein. Während des Gesprächs *zeigte sich* der Pb als . . . / *machte den Eindruck* eines . . . / *war* der Pb *bemüht* . . . u. ä.

1 Den Anfang der Darstellung der Persönlichkeitsaspekte des Probanden könnte der **Eindruck** bilden, **den der untersuchende Psychologe vom Probanden gewann.** Dazu zählt das Verhalten im Gespräch ebenso wie die **Verhaltensbeobachtung** während der Testdurchführung, wobei man auch auf Veränderungen während der Untersuchung achten sollte. Günstig ist es, schon beim Einstieg einen Bezug zum behandelten Sachverhalt des Gutachtens herzustellen

Expl., Rot FPI	Das Bild, das der Pb von seiner eigenen Person hat, ist . . . . Er zeichnet sich als *optimistischen / pessimistischen* / . . . Menschen.
MBI, FPI	Sich selbst schildert der Pb als . . .
MBI, FPI Probl. Fb.	Der Pb hat von sich ein *realistisches* . . . Selbstbild / ein *unrealistisches* Selbstbild,
FPI, PIT, Ro	er will sich anders darstellen, als er ist / ist anders als er sich selbst sieht, z. B. . . . .
Expl.	Von sich aus schildert der Pb die *Probleme / Schwierigkeiten* . . . . Er sagt dazu . . .
Ro (soz. Asp.)	Wird er unstrukturierten Situationen ausgesetzt, die er selbst für sich ordnen muß, so . . . (Erlebnisausrichtung)

2 In Verbindung mit dem Eindruck, den der Pb macht, kann die **Selbsteinschätzung,** die er von sich gibt, und sein **Selbstbild** diskutiert werden.

Dabei ist es in bestimmten Fällen möglich, eine Beziehung zur Grundproblematik und dem Anlaß des Gutachtens herzustellen, falls die Selbstschilderung z. B. im krassen Gegensatz zum Problem, zu Schwierigkeiten, zum Vorgutachten steht oder genau damit übereinstimmt. Auf jeden Fall sollte das **Verhältnis Selbstbild und Realität** zur Sprache kommen.

3 Das mag zur **Schilderung der Problematik** des besonderen Falles überführen, die in integrierten Einheiten dargestellt werden sollte.
Einige **Aspekte**, die dabei Berücksichtigung finden könnten, sind im folgenden angeführt:

Expl., Rot., Probl. Fb., TAT	Sein Verhalten gegenüber den *Eltern / Geschwistern / Schulkameraden / dem anderen Geschlecht / . . . ist . . .*
HAWIE, Ro	Gegenüber sozialen Normen und Verhaltensweisen zeigt der Pb . . . Verständnis. Es fällt ihm daher *leicht / schwer* im Umgang mit *anderen Menschen / dem anderen Geschlecht* . . . .
FPI, MMPI, HANES, Expl.	*Besondere* Schwierigkeiten / *keine* Schwierigkeiten hat der Pb damit, Kontakt mit anderen zu finden. Dabei findet er *leicht / kaum* Anerkennung bei . . . / ist er im Umgang mit . . . *selbstsicher und ungezwungen / gehemmt und schüchtern.* Er ergreift *häufig / selten* von sich aus die Initiative zu . . . .
PF, PIT, FPI Expl.	Andern gegenüber ist der Pb *häufig / selten gereizt / besänftigend / von Selbstvorwürfen geplagt* . . . .
PF	Auf eine persönliche Belastung reagiert der Pb . . .
Expl. TAT Ro(soz)	Der Wunsch nach Anerkennung durch . . ist beim Pb . . . / er möchte sich besonders gern . . . zuwenden, ...

Der erste größere Bereich, der bei der Behandlung der Problematik der Persönlichkeitsmerkmale behandelt werden kann, ist der des **Sozialverhaltens** des Probanden, wie es sich aus seinen Selbstdarstellungen und den

Testbefunden ergibt. Schon hierbei empfiehlt es sich, das Verhalten nicht nur zu beschreiben, sondern – wie auch bei allen weiteren zu integrierenden Aspekten – aus der Persönlichkeitsstruktur heraus zu erklären und der Entwicklungsgeschichte gemäß genetisch herzuleiten zu versuchen.

Ro, MPI, HANES, TAT Expl.	Die generelle Grundstimmung des Pb ließe sich als . . . bezeichnen. Aus . . . ließe sich *auch* / *aber* auf eine allgemeine emotionale *Sicherheit* / *Unsicherheit* schließen. Der Grund dafür dürfte in . . . liegen.
d2, Ro, PF FPI(6)	Die allgemeine Belastbarkeit des Pb ist . . . Auf Belastungen im sozialen Bereich reagiert er . . ., wie er *auch* / *wohingegen* er im Alltag . . . .
Ro, HANES TAT,	Bei besonderen Anforderungen zeigt er sich *unsicher* / *ängstlich* / *unausgeglichen* . . . . *Sein* Selbstwertgefühl ist . . .

Eine weitere Rolle könnte die **Sicherheit bzw. Unsicherheit** des Probanden **im sozialen Bereich** spielen. Dahinein spielen Probleme der Ausdauer und **Belastbarkeit**, der **Selbständigkeit** und Unabhängigkeit, der allgemeinen **Einstellung** zum Leben und zur Umwelt und der Meinungs- und Standpunktbildung.

FPI, Ro, TAT Rot., PF	Der Pb ist sehr stark *von seinen Gefühlen bestimmt* / *unterdrückt meist seine Gefühle* / *läßt nur Empfindungen zu, wenn er sie verstandesmäßig akzeptiert* / . . . Er ist *leicht* / *nur schwer* / . . . *erregbar* / *störbar* . . . unterliegt *kaum* / *starken* Stimmungsschwankungen . . . Er ist völlig von Trieben und Impulsen beherrscht / er hat sich völlig unter Kontrolle und geht selten aus sich heraus . . .
Expl., Ro HANES, PF	Der Pb neigt zu unkontrollierten Affektausbrüchen, seine Handlungen sind eher impulsiv . . . /

	Er tendiert dazu, seine Gefühle zurückzuhalten / Er ist in der Lage Gefühle und Zuneigung den Situationen angemessen zu zeigen . . .
FPI(6), PF Ro, Expl.	Auf Belastungen im persönlichen und emotionalen Bereich reagiert der Pb häufig *aggressiv und heftig / kontrolliert und zurückhaltend.*
PF	Meistens sucht er die Schuld bei sich und reagiert mit Selbstvorwürfen.

Der Aspekt der **Kontrollfähigkeit im emotionalen Bereich** sollte ebenfalls in die Darstellung der Gesamtpersönlichkeit des Probanden integriert werden. Berücksichtigt werden könnten dabei z. B. auftretende Aggressivität, Impulsivität, Spontaneität, Triebhaftigkeit auf der einen Seite, Zurückhaltung, Schüchternheit, Kontrolliertheit und Selbststeuerung auf der anderen.

Expl., LPS d2, HAWIE	Bei besonderen Leistungsanforderungen zeigt der Pb . . . Seine Ausdauer bei . . . ist . . . .
d2, KLT	In solchen . . . Situationen kann er sich *gut / nur schwer* konzentrieren und . . . Bei . . . arbeitet er *sorgfältig und gewissenhaft / oberflächlich und macht häufig Fehler.*
Expl., PIT	Seine Interessen liegen . . .
DIT, Ro	An . . . Aufgaben geht er mit *viel / wenig* Interesse. Sein Ehrgeiz . . .
Rot., TAT Ro, Expl.	An besseren Leistungen hindert ihn . . . / das Anspruchsniveau, das er zeigt, ...

Ebenfalls ließen sich bei bestimmten Problemen das **Erleben und Verhalten des Probanden im Leistungsbereich,** seine Willenskontrolle und Fragen seines Anspruchsniveaus einbeziehen.

Expl., TAT PIT,	Die Kritikfähigkeit, die der Pb zeigte, ist als *angemessen / zu gering / übersteigert* zu bezeichnen. Sich gegenüber ist er *ebenfalls / hingegen zu stark / durchschnittlich / zu wenig* selbstkritisch und ehrlich eingestellt.

Expl., PF Ro(M(FM+m)) Expl.	Sein Verhalten bei auftretenden Konflikten läßt sich als . . . kennzeichnen. Er bagatellisiert / schiebt . . . vor sich her / sucht Ausflüchte / sucht die Schuld bei . . . Er versucht die Probleme . . . zu bewältigen, indem er . . . .

Neben der Art, **wie der Proband die Wirklichkeit sieht,** was seine **Kritikfähigkeit** und das Maß an Ehrlichkeit sich selbst gegenüber einbezieht, sollte auf jeden Fall noch auf die **Problemverarbeitung** eingegangen werden, also, ob der Proband in der Lage ist, Probleme zu erkennen und wie er sich zu deren Bewältigung verhält.

Expl. Anamn.	Betrachtet man die individuelle Entwicklungsgeschichte des Pb, so kann angenommen werden, daß . . .

4 Wenn die für den entsprechenden Fall wichtigen Persönlichkeitsmerkmale und Verhaltensauffälligkeiten möglichst vollständig und in funktionalen Einheiten dargelegt sind, kommt es darauf an, sie zu „erklären" zu versuchen.
Im Rahmen einer **genetischen Herleitung** sollte auf die **möglichen Ursachen der aufgetretenen Problematik** aus der individuellen Entwicklungsgeschichte des Probanden eingegangen werden. Dabei sollte man darauf achten, daß die Hypothesen, die über die Gründe und Ursachen gebildet und diskutiert werden, durch vorliegende Aussagen abgestützt sind.
Aus der Betrachtung und Analyse der Sozialkontakte, des Erziehungsstils der Eltern, der Ausbildung, bestimmter herausragender Ereignisse und Erlebnisse u. ä. sollten sich Annahmen über den Zeitpunkt der Entstehung aufgetretener Schwierigkeiten, über den zugrundeliegenden Sachverhalt von Problemen, über die Motive von Verhaltensauffälligkeiten oder die auslösenden Momente bestimmter Symptome ergeben, die zur Klärung der Fragestellung des Gutachtens beitragen können.

	Die zentrale Thematik der tieferliegenden Problematik, die zu . . . beim Probanden geführt hat, läßt sich so umreißen: . . . . Die verschiedenen Faktoren, die . . . wirken auf die Art zusammen, daß . . . .

	Das Ineinandergreifen von . . . und . . . bewirkt, daß . . . . Aus der wechselseitigen Bedingung von . . . und . . . folgt die Schwierigkeit des Pb, sich zu . . . .

5 Die **zugrundeliegenden Probleme** des Probanden sollten noch einmal **zusammengefaßt** und in ihren **gegenseitigen Bedingungen und Abhängigkeiten** diskutiert werden.

Expl.,Rot. Verh.,MBI	Auf seine Probleme angesprochen, reagiert der Pb . . . und äußert . . . . Sein ganzes Verhalten im Alltag / . . . gegenüber läßt erkennen, daß er mit den Schwierigkeiten . . . . Was die Lösung der Probleme betrifft, so . . . .

6 An die Zusammenfassung der tieferliegenden Problematik könnte sich die Darstellung dessen anschließen, **wie sich der Proband mit seinen Schwierigkeiten und Problemen auseinandersetzt,** also was er zu den Symptomen sagt, wie er mit Fehlverhalten umgeht, welche Einsicht er zeigt und wie er die Realität verarbeitet.

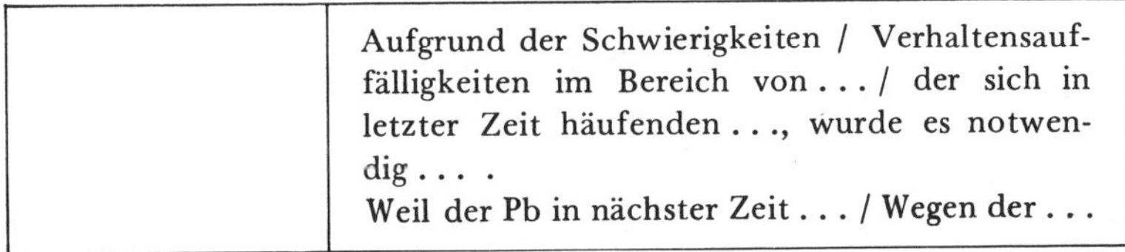

	Aufgrund der Schwierigkeiten / Verhaltensauffälligkeiten im Bereich von . . . / der sich in letzter Zeit häufenden . . ., wurde es notwendig . . . . Weil der Pb in nächster Zeit . . . / Wegen der . . .

7 Die Überleitung zum nächsten Teil, der Stellungnahme zur Fragestellung, ließe sich über den Grund für die **aktuelle Brisanz der Symtome oder Schwierigkeiten** herstellen.

Einige testspezifische Hinweise zu den Persönlichkeitsaspekten

1 allgemein

FPI erlaubt vergleichende Beschreibung vor allem im normalgesunden Bereich (aber auch psychosomatisch Erkrankte), ist eine Selbstschilderung des Probanden; die Ergebnisse können deshalb auch Wunschvorstellungen, müssen nicht manifestes Verhalten sein

MMPI	seine Skalen sind auf der Grundlage von klinischen Fällen gebildet und stellen Merkmale fest, die außerhalb des Normalbereichs liegen
PIT	ist vom Pb wenig steuerbar, gibt deshalb die unwillkürliche Ausrichtung wieder

2 Skala Maskulinität
Diese Skala, die sowohl im FPI wie im MMPI vertreten ist, bedeutet in beiden Fällen durchaus Unterschiedliches; die Ergebnisse sind unabhängig voneinander:

MMPI	Interessen-Skala
FPI	typisch männliche Selbstschilderung

Im folgenden nun einige Angaben, aus welchen Testergebnissen sich Schlüsse auf bestimmte Persönlichkeitsmerkmale des Pb ziehen lassen:

3 Aggressivität
FPI (2), PF (Kategorien), TAT,

4 Depressivität
FPI (3), PIT (F), TAT, (PF)

5 Extraversion – Introversion
FPI (E) (5), Ro (Determinogramm), Hanes (E_3, E_1, E_2), PIT (C) (B), (TAT)

6 Neurotizismus
FPI (N) (6), PIT (D), Hanes (N), Probl. Fb., (PF, TAT, Ro)

7 Aussagen über **Sozialkontakte und das Sozialverhalten** lassen sich gewinnen aus:
Expl., Probl. Fb. (4) (6), Ro (soz), PIT (B) (C), FPI (5) (7) (8), MBI (U3), PF, TAT, Rot.

III. Stellungnahme zur Fragestellung

Die Stellungnahme zur Fragestellung als dritter Teil des Gutachtens nach der Darstellung des bisherigen Sachverhalts und der Auswertung der psychologischen Untersuchung sollte aus einer zusammenfassenden Übersicht über die für die Fragestellung relevanten Einzelergebnisse heraus stimmig die **Begutachtung des spezifischen Problemfalles** ergeben.

> Die psychologische Untersuchung des . . . ergab, daß . . .

Leistungs- und Persönlichkeitseigenschaften des Probanden sollten ebenso wie seine Interessen, Einstellungen und Werthaltungen **in Grundzügen wiederholt** werden.

> *Wie schon* in den vorliegenden Gutachten von . . . / *im Gegensatz* zur Begutachtung durch . . .

Auf eventuelle Vorgutachten sollte eingegangen werden.

> Als Ursachen der Schwierigkeiten können aufgrund . . . folgende . . . betrachtet werden.

Auch die **Hypothesen über die Gründe** des jeweiligen Problems wären in diesem Teil zu diskutieren.

> Es wird daher empfohlen, daß der Pb . . . .

Vorschläge über bestimmte Maßnahmen, mit denen die Lösung der Schwierigkeiten angegangen werden könnte, sollten möglichst konkret und differenziert ausgeführt und begründet werden.

> Die vorgeschlagenen therapeutischen Maßnahmen *sollten* . . . / *es kann erwartet werden*, daß der Pb in Zukunft . . .

Soweit möglich, empfiehlt es sich, eine zurückhaltende **Prognose zur Entwicklung und zum zukünftigen Verhalten** des Probanden anzuschließen.

Zusammenfassung

Zum Abschluß ist es ratsam, Fragestellung, Methoden und das abschließende Ergebnis des Gutachtens in einigen Sätzen zusammenzufassen, jedoch sollten dabei keine neuen Gedanken aufgeführt werden. Eventuell kann man einen Hinweis auf die Unzulänglichkeiten des Gutachtens bei dieser Geglegenheit wiederholen.

Einige Hinweise zur Stellungnahme des Psychologen zur Fragestellung

Neben der differenzierten Analyse der jeweiligen Schwierigkeiten und dem Aufdecken ihrer Ursachen werden vom Psychologen, der das Gutachten erstellt, zumeist Vorschläge für konkrete Maßnahmen erwartet, die zu einer Lösung des Problems beitragen können.

Therapeutische Maßnahmen

Gesprächstherapie

Sie soll zu einer längerfristigen Festigung der Persönlichkeit verhelfen, indem sie dem Pb Einblick in seine Persönlichkeitsdynamik gewinnen hilft und ihm auf verbaler Ebene eine Auseinandersetzung mit seinen Schwierigkeiten erlaubt.

Sie ist hilfreich beim Selbstfindungsprozeß, dem Akzeptieren der eigenen Person und der Entwicklung eines realistischen Selbstbildes.

Verhaltenstherapie

Sie ist geeignet kurzfristig störende Symptome zu verändern und dem Pb ein adäquates Repertoire an Verhaltensweisen, wie sie der soziale Kontakt immer wieder erfordert, zu vermitteln.

Bei Neurosen, Angstzuständen, Hemmungen, Phobien z. B. ist VT indiziert.

Gruppentherapie

Sie kann zur Lösung von Problemen der Zuwendung und bei Schwierigkeiten im sozialen Bereich überhaupt beitragen, indem sie die Fähigkeiten des Pb im Umgang mit anderen Personen fördert und ihm hilft, sich in sozialen Situationen besser zurechtzufinden.

Selbstverständlich kann diese kurze Charakterisierung der drei gebräuchlichsten und weitverbreitetsten Therapieformen keine Grundlage für eine wohldurchdachte und -begründete Stellungnahme abgeben. Sie ist einfach als kurzer Hinweis einmal auf die entsprechenden Indikationen und Ansatzmöglichkeiten, zum zweiten als grober Anhaltspunkt für die Abfassung der Stellungnahme zu verstehen.
Da eine kritische Würdigung einzelner Therapieformen, wie schon allein eine einigermaßen befriedigende Darstellung den Rahmen und die Absicht dieses Werkes bei weitem überschritte, müssen wir an dieser Stelle eine ausreichende Auseinandersetzung des Lesers mit den Annahmen, Möglichkeiten und Techniken psychologischer Therapie voraussetzen.
Neben diesen drei Hauptformen psychologischer Therapie, die je nach Indikation auch kombiniert vorgeschlagen werden können, sei noch darauf hingewiesen, daß die Maßnahmen nicht selten **auch in der Umwelt des Pb ansetzen** sollten, wenn eine längerfristige Besserung angestrebt wird.
Einwirken auf die Eltern im Rahmen familientherapeutischer Methoden, Beratung von Lehrern oder Erziehern, Einbeziehung der freien Jugendarbeit sollten genauso in Betracht gezogen werden, wie eine grundlegende Veränderung der Familiensituation durch Einschalten des Jugendamtes oder die Empfehlung, die Schule bzw. den Arbeitsplatz zu wechseln, falls dies erforderlich scheint.
Für die besonderen Probleme der Begutachtung im Rahmen der forensischen Psychologie, der Psychopathologie, der Drogentherapie etwa muß an dieser Stelle auf die jeweils relevante Literatur verwiesen werden.

Allgemeine Literatur zum Gutachten

ANASTASI, A., Psychological Testing. New York, 1961

ARNOLD, W. (Hrsg.), Psychologisches Praktikum Bd. 2 Diagnostisches Praktikum. Stuttgart, 1972

BEHN, S., Über die Kunst des praktisch brauchbaren Gutachtens. in: Psychol. Beitr., 1, 1953, S. 362–385

BLAU, G. & E. MÜLLER-LUCKMANN, Gerichtliche Psychologie. Neuwied, 1962

BLEIDICK, U., Das sonderpädagogische Gutachten. Berlin, 1966

BOESCH, E. E., Die diagnostische Systematisierung. in: Heiss, 1966, S. 930–959

BRANDT, G. A., Probleme und Erfolge der Erziehungsberatung. Weinheim, 1967

BRESSER, P. H., Grundlagen und Grenzen der Begutachtung jugendlicher Rechtsbrecher. Berlin, 1965

DE GROOT, A. D., Scientific Personality Diagnosis. in: Acta Psychol., **10**, 1954, S. 220–241

DIRKS, H., Die Personalbeurteilung im Betrieb. Düsseldorf, 1952

FORSTER, A., Writing Psychological Reports. In: J. Clin. Psychol., 7, 1951, S. 195

FRANKE, J., Eine Konzeption zum systematischen Aufbau von Eignungsuntersuchungen. in: Psychol. Beitr., **11**, 1969, S. 390–405

GRUHLE, H. W., Gutachtentechnik. Berlin/Göttingen/Heidelberg, 1955

HARTMANN, H., Psychologische Diagnostik. Stuttgart/Berlin/Köln, 1970

HASEMANN, K., Verhaltensbeobachtung und Verhaltensbeurteilung in der psychologischen Diagnostik. Göttingen, 1964

HEISS, R., Technik, Methodik und Problematik des Gutachtens. in: Heiss, 1966

HEISS, R., Psychologische Diagnostik. Handbuch der Psychologie Bd. 6. Göttingen, 1966[2]

HOELEMANN, W., Die Bewährung von psychologischen Verfahren bei der Auswahl von kaufmännischen und technischen Angestellten. in: Faktor Mensch. Deutsches Industrieinstitut, 1970

HÖRMANN, H., Aussagemöglichkeiten psychologischer Diagnostik. Göttingen, 1964

HUTH, A., Handbuch psychologischer Eignungsuntersuchungen. Speyer, 1953

JÄGER, A. O., Prognose und Bewährung in der Eignungsdiagnostik. in: Psychol. Rdsch., **17**, 1966, S. 185–208

JESSNITZER, K., Der gerichtliche Sachverständige. Köln, 1963

KLOPFER, W. G., The Psychological Report (Use and Communication of Psychological Findings). New York, 1960

KÜSTER, J., Grundsätze für regelmäßige Beurteilungen. in: Z. Mensch und Arbeit, **6**, 1958

LODGE, G. T., How to write a psychological report. in: J. Clin. Psychol. **9**, 1953, S. 400–402

LIENERT, G. A., Testaufbau und Testanalyse. Weinheim/Berlin/Basel 1969[3]

LÜCKERT, H. R., (Hrsg.) Handbuch der Erziehungsberatung. München/Basel, 1964

LÜCKERT, H. R., Persönlichkeitsgutachten. in: Lückert 1964

MAYMAN, M., Style, Focus, Language and Content of an Ideal Psychological Test Report. in: J. Proj. Techn., **23**, 1959, S. 453–458

MERZ, F. (Hrsg.), Bericht über den 25. Kongreß der dt. Gesellschaft für Psychologie in Münster 1966. Symposion III; Die Beziehungen zwischen psychologischer Diagnostik und Grundlagenforschung. Göttingen, 1967

SCHMIDTCHEN, S., Psychologische Tests für Kinder und Jugendliche. Göttingen, 1975

SCHUBENZ, S., Über den Aufbau eines psychologischen Befundes. in: Diagnostica, **8**, 1967

THOMAE, H., Prinzipien und Formen der Gestaltung psychologischer Gutachten. in: Undeutsch, 1967

UNDEUTSCH, U., (Hrsg.) Forensische Psychologie, Handbuch der Psychologie Bd. 11, Göttingen, 1967

WELLEK, A., Grenzen und Möglichkeiten der psychologischen Testung zur Beurteilung der Kraftfahrtauglichkeit. in: Psychol. Rdsch., **16**, 1965, S. 167–186

WELLEK, A., Das Problem der Exaktheit in der psychologischen Diagnostik. in: Stud. gen., **5**, 1952, S. 422–432

WIEDEMANN, A., Fehlerquellen bei der Beurteilung von Menschen im Betrieb. in: Z. Industrielle Organisation, **3**, 1958

ZANDER, E., Die Durchführung einer systematischen Beurteilung der Mitarbeiter. in: Z. Mensch und Arbeit, 7, 1963

B Befundmuster

In diesem zweiten Abschnitt werden Vorschläge gemacht, wie aus den vom Probanden erreichten Testergebnissen Befunde erstellt werden können.
Neben Formulierungshilfen zu den einzelnen Aspekten, die in den jeweiligen Verfahren erfaßt werden, sind Besonderheiten und Einschränkungen einzelner Tests angeführt, die ebenso wie der Hinweis auf Vergleichsdaten oder weiterführende Hypothesen die Interpretation der Ergebnisse erleichtern sollen.
Verweise auf die Testmanuale und relevante Literatur können Anregungen im Hinblick auf die Erstellung des Gutachtens geben.
Folgende Verfahren wurden in diesen Teil aufgenommen:

I. Leistungs- und Fähigkeitstests

Intelligenz-Struktur-Test (IST)
Leistungs-Prüf-System (LPS)
Prüfsystem für Schul- und Bildungsberatung (PSB)
Adaptives Intelligenz Diagnostikum (AID)
Hamburg-Wechsler-Intelligenz-Test für Erwachsene (Hawie)
Standard-Progressive-Matrices (Raven)
Figure Reasoning Test (FRT)
Grundintelligenztest Skala 2 (CFT 20)
Aufmerksamkeits-Belastungs-Test (d2)
Konzentrations-Leistungs-Test (KLT)
Konzentrations-Verlaufs-Test (KVT)

II. Fragebogenverfahren

Berufs-Interessen-Test (BIT)
Differentieller Interessen-Test (DIT)
Mannheimer Biographisches Inventar (MBI)
Problemfragebogen für Jugendliche
Kinder-Angst-Test (KAT)
Persönlichkeits-Interessen-Test (PIT)
Freiburger Persönlichkeits-Inventar (FPI)
MMPI Saarbrücken (deutsche Bearbeitung des Minnesota Multiphasic Personality Inventory)

Maudsley-Personality-Inventory (MPI)
Hamburger Neurotizismus- und Extraversionsskala für Kinder und Jugendliche (Hanes, KJ)

III. Projektive Verfahren

Picture-Frustration-Test (PF)
Thematischer Apperzeptions-Test (TAT)
Rotter-Satzergänzungsverfahren
Rorschach Verfahren (Ro)
Sceno-Test

Vorab sei noch ein Hinweis angebracht:
Es versteht sich von selbst, daß unterschiedliche Testergebnisse eine unterschiedliche Interpretation bedingen. Um in der Vielzahl der Interpretationsmöglichkeiten dem Kriterium der Übersicht und der Praktikabilität genüge leisten zu können, haben wir in den folgenden Befundschemata die jeweiligen Interpretationen eines Untertests, einer Dimension oder einer Kategoriengruppe zusammengestellt und als nacheinanderfolgende Alternativen bzw. Alternativmöglichkeiten innerhalb einer Satzkonstruktion, gekennzeichnet durch Kursivdruck, dargestellt. Für jeden Probanden, bei Probandinnen sind die Formulierungen entsprechend im Geschlecht zu ändern, sind nun bei der Interpretation die mit seinen Resultaten korrespondierenden Aussagen zu verwenden. Zugleich ist die hier vorgeschlagene Interpretationsreihenfolge nicht starr verbindlich, vielmehr empfiehlt sich eine sach- und fallgemäße Gliederung des Befundes.

T	cum f%	PR	z	Z	IQ	Schul-noten	C	T	cum f%	PR	z	Z	IQ	SN	C
20	0,13	0	-3,0	70	55		-1	50	50,00	50	0,0	100	100	3	5
21	0,19	0	-2,9	71	·			51	53,98	54	0,1	101	·		
22	0,26	0	-2,8	72	58			52	57,93	58	0,2	102	103		
23	0,33	0	-2,7	73	·			53	61,79	62	0,3	103	·		
24	0,47	0	-2,6	74	61			54	65,54	66	0,4	104	106		
25	0,62	1	-2,5	75	·		0	55	69,15	69	0,5	105	·		6
26	0,82	1	-2,4	76	64			56	72,57	73	0,6	106	109		
27	1,07	1	-2,3	77	·			57	75,80	76	0,7	107	·		
28	1,39	1	-2,2	78	67			58	78,81	79	0,8	108	112		
29	1,79	2	-2,1	79	·			59	81,59	82	0,9	109	·		
30	2,28	2	-2,0	80	70	5	1	60	84,10	84	1,0	110	115	2	7
31	2,87	3	-1,9	81	·			61	86,43	86	1,1	111	·		
32	3,59	3	-1,8	82	73			62	88,49	88	1,2	112	118		
33	4,46	4	-1,7	83	·			63	90,32	90	1,3	113	·		
34	5,48	5	-1,6	84	76			64	91,92	92	1,4	114	121		
35	6,68	7	-1,5	85	·		2	65	93,32	93	1,5	115	·		8
36	8,08	8	-1,4	86	79			66	94,52	95	1,6	116	124		
37	9,68	10	-1,3	87	·			67	95,54	96	1,7	117	·		
38	11,51	12	-1,2	88	82			68	96,41	96	1,8	118	127		
39	13,57	13	-1,1	89	·			69	97,13	97	1,9	119	·		
40	15,87	16	-1,0	90	85	4	3	70	97,72	98	2,0	120	130	1	9
41	18,41	18	-0,9	91	·			71	98,21	98	2,1	121	·		
42	21,19	21	-0,8	92	88			72	98,61	99	2,2	122	133		
43	24,20	24	-0,7	93	·			73	98,93	99	2,3	123	·		
44	27,43	27	-0,6	94	91			74	99,18	99	2,4	124	136		
45	30,85	31	-0,5	95	·		4	75	99,38	100	2,5	125	·		10
46	34,46	34	-0,4	96	94			76	99,53	100	2,6	126	139		
47	38,21	38	-0,3	97	·			77	99,65	100	2,7	127	·		
48	42,07	42	-0,2	98	97			78	99,74	100	2,8	128	142		
49	46,02	46	-0,1	99	·			79	99,81	100	2,9	129	·		
50	50,00	50	0,0	100	100	3	5	80	99,87	100	3,0	130	145		11
50+10z	$\frac{\mathrm{cumf}-\frac{f}{2}}{N}$	dito	$\frac{X-M}{\sigma}$	100+10z	100+15z	3−z	5+2 z	50+10z	$\frac{\mathrm{cumf}-\frac{f}{2}}{N}$	dito	$\frac{X-M}{\sigma}$	100+10z	100+15z	3−z	5+2z

Abb. 1 Die Transformation von Testnormen

aus: Lienert, G. A., Testaufbau und Testanalyse. Weinheim/Berlin/Basel, 1969^3, S. 562

Intelligenz-Struktur-Test (IST)

GSW	Im IST, einem Verfahren, bei dem ähnlich den schulischen Anforderungen unter Zeitdruck intellektuelle Leistungen zu erbringen sind, die einen Einblick in die Struktur der Intelligenz und Aussagen über die Berufseignung ermöglichen, erreicht der Pb mit einem Gesamtstandardwert von ... ein *(deutlich) unterdurchschnittliches / durchschnittliches / überdurchschnittliches* intellektuelles Niveau.
PR	Etwa ... % der Gleichaltrigen erzielen gleichgute oder bessere Leistungen als er.
SSW	Verglichen mit den Gleichaltrigen gleicher Schulbildung (d. h. ...) liegt der Pb mit einem Schulstandardwert von ... *über / im / unter* dem Durchschnitt. Bei Berücksichtigung der Meßungenauigkeit des Verfahrens müßte sein wahrer Gesamtstandardwert zwischen ... (GSW–5) und ... (GSW+5) liegen.

Der **Gesamtstandardwert und Schulstandardwert** ist aus den Tabellen für die Normen in der Handweisung des IST 70 ersichtlich. Durch Skalentransformation läßt sich der IQ des Probanden ermitteln (vgl. Abb. 5)
Die kritische Differenz auf dem 5 % Niveau beträgt ca. 5 Standardwertpunkte. ($Cl_{.05}$ = ($CL_{05} - X \pm 1.96 \times 10 \sqrt{1-.95}$)

SE	Bei Aufgaben, die Urteilsbildung, Wirklichkeitssinn und Selbständigkeit im Denken verlangen, erbringt der Pb *unterdurchschnittliche / durchschnittliche / überdurchschnittliche Leistungen.* Lediglich ... % seiner Altersgefährten erbringen gleich gute oder bessere Leistungen.
WA	Dabei ist der Pb in der Lage, sich *recht gut / weniger gut,* in den Bedeutungsgehalt von Worten einzufühlen und ihn zu erfassen.
AN	Seine Fähigkeit, Beziehungen, Regeln und Gesetzmäßigkeiten zu erkennen ist *gut / schlecht* ausgebildet. Beweglichkeit und Umstellfähigkeit im Denken sind bei ihm *besonders gut / nur schwach* ausgeprägt.
GE	Bei der Lösung von Aufgaben geht der Pb *logisch / nicht logisch* vor und vermag *sehr gut /*

	gut / durchschnittlich / weniger gut zu abstrahieren und allgemeine Begriffe zu bilden.
ME	Der Pb ist *durchaus / nicht sehr gut* in der Lage, sich gelernte Wörter zu merken, seine sprachlich-auditive Konzentration ist *gut / weniger gut* ausgebildet.
RA	Sachbezogene rechnerische Aufgaben mag der Pb *gut / dem Durchschnitt entsprechend / nur schlecht* zu lösen. Etwa . . . % schneiden hierbei genauso oder besser ab.
ZR	*Ebenso / dagegen* gelingt es ihm *gut / weniger gut* theoretisch rechnerische Probleme zu bewältigen, wobei er Zahlenreihen induktiv *sicher / weniger sicher* fortzusetzen versteht. Das weist auf eine *ausgeprägte / weniger stark ausgeprägte* Beweglichkeit im Denken hin.
FA	Flächen und Formen vermag der Pb *sicher / durchschnittlich / unterdurchschnittlich* gut zu erkennen, wobei er in anschaulich-ganzheitlichem Denken Beziehungen zu knüpfen und räumlich zu gestalten weiß.
WÜ	Hierbei kann der Pb sich räumliche Gebilde *gut / schlecht* vorstellen, vermag sie *gut / weniger gut* zu analysieren und zeigt technisch-konstruktive Fähigkeiten.

Die **Ergebnisse der einzelnen Subtests** können nach der Darstellung der Gesamtleistung nacheinander abgehandelt werden, jedoch erscheint es übersichtlicher, zuerst die besonders herausragenden Leistungen des Probanden zu behandeln und sie von den nur durchschnittlichen und den unterdurchschnittlichen abzusetzen.

Darüber, ab wann Unterschiede zwischen Subtests signifikant sind, gibt Abb. 3 Auskunft.

Als Durchschnitt kann eine Leistung betrachtet werden, wenn sie einem Prozentrang entspricht, der zwischen 25 und 75 liegt (entspricht etwa Standardwert zwischen 93 und 107).

Kritisch muß nach *Putz-Osterloh* die Interpretation von WÜ gesehen werden, da die Aufgaben dieses Subtests zu einem erheblichen Teil ohne eine „Raumstrategie" einfacher zu lösen seien und der Test daher etwas anderes messe als „Raumvorstellung" und heterogen sei.

Als sehr zweifelhaft muß nach Untersuchungen von *Galle* und *Marschner Amthauers* Interpretation des M- bzw. W-Profils als mehr theoretische / mehr praktische Begabung erscheinen. Sie wurde daher hier weggelassen.

AN+ZR> GE+RA	Dabei ist er im Denken recht beweglich, vermag leicht Beziehungen zu knüpfen und neu zu kombinieren.
AN+ZR< GE+RA	Dabei ist er im Denken eher gefestigt, denkt deduktiv, vermag leicht Regeln zu bilden und Gesetzmäßigkeiten zu finden.

Die **Dimension Festigkeit vs. Flexibilität im Denken** ergibt sich aus der Differenz der Subtestwerte von AN und ZR zu GE und RA, wobei erst ein Unterschied ab 10 Standardwertpunkten zu interpretieren ist.

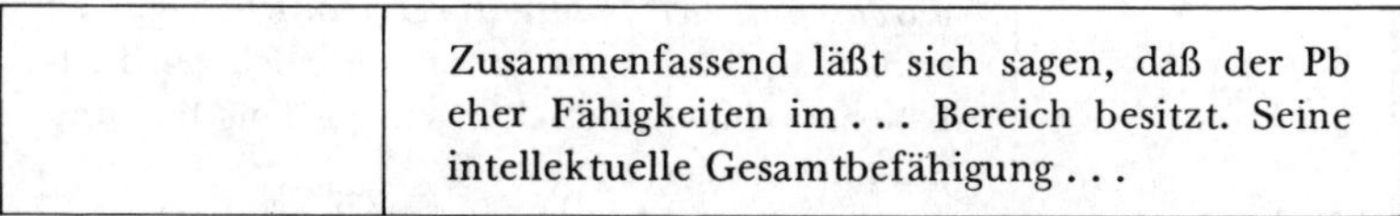

	Zusammenfassend läßt sich sagen, daß der Pb eher Fähigkeiten im . . . Bereich besitzt. Seine intellektuelle Gesamtbefähigung . . .

Am Ende eines längeren Befundes empfiehlt sich eine **kurze Zusammenfassung,** die das Ergebnis auf einen Blick erkennen läßt.

Profil-vergleich	Vergleicht man das Intelligenzprofil des Pb mit Profilen *verschiedener Berufsgruppen / verschiedener Personen, die ein bestimmtes Ausbildungsziel schon erreicht* haben, so kann man erwarten, daß der Pb aufgrund seiner Fähigkeiten *für den Beruf eines . . . geeignet ist / das Ziel . . . erreichen wird.*

Bei Fragen der Berufswahl, Berufseignung oder Schulausbildung können zur Beurteilung eine Reihe von **Kontrollgruppenprofilen** (Personen, die ein bestimmtes Ausbildungsziel schon erreicht haben oder Personen, die bereits erfolgreich in einem bestimmten Beruf tätig sind – Handanweisung IST 70, S. 22–27) herangezogen werden.

Hinweise zur Interpretation des IST

1 *Zum Inhalt der einzelnen Subtests*

SE	(Satzergänzung): *„Urteilsbildung"*, „common sense", Akzent im „Konkret-Praktischen", „Wirklichkeitssinn", „Selbständigkeit im Denken".
WA	(Wortauswahl): *„Erfassen von sprachlichen Bedeutungsgehalten"*. „Sprachgefühl", „induktives sprachliches Denken", „Einfühlungsfähigkeit", „rezeptive" Komponenten.
AN	(Analogien): *„Kombinationsfähigkeit"*, „Beweglichkeit und Umstellfähigkeit im Denken", „Erfassen und Übertragen von Beziehungen", „Klarheit und Folgerichtigkeit im Denken", „Widerstand gegen Ungefährlösungen". Eine, vielleicht die bedeutsamste Voraussetzung für wissenschaftliche Studien.
GE	(Gemeinsamkeiten): „Sprachliche *Abstraktionsfähigkeit"*, „Begriffsbildung", „sprachlogisches Denken".
ME	(Merkaufgaben): *„Merkfähigkeit"*, „gelernte Wörter behalten können", „längerfristiges Behalten", „Gedächtnis".
RA	(Rechenaufgaben): *„Praktisch-rechnerisches Denken"*, „sachlogisches, mathematisches Denken", „reasoning", „schlußfolgendes Denken".
ZR	(Zahlenreihen): *„Theoretisch-rechnerisches Denken"*, „induktives Denken mit Zahlen", „Beweglichkeit und Umstellfähigkeit im Denken", „rhythmische" Komponenten.
FA	(Figurenauswahl): *„Vorstellungsfähigkeit"*, „Vorstellungsreichtum", „anschaulich-ganzheitliches Denken", „gestaltend-konstruktive" Komponenten.
WÜ	(Würfelaufgaben): *„Räumliches Vorstellen-Können"*, „technisch-konstruktive" Komponenten, „analytische Momente" können beteiligt sein; von konventioneller Bildung weitgehend unabhängig.

Abb. 2 (aus Handanweisung IST 70, S. 39)

2 *Zur faktorenanalytischen Absicherung des IST*

Aus den verschiedenen Faktorenanalysen, denen der IST unterzogen wurde (*Fischer*, 1958; *Lienert*, 1964;) lassen sich für die Interpretation vier Faktoren eruieren:

Faktor I	Umgang mit verbalem Material	SE, WA, AN, GE
Faktor II	Schlußfolgerndes Denken mit Zahlenmaterial	RS, ZR
Faktor III	Räumliches Vorstellungsvermögen	FA, WÜ
Faktor IV	Merkfähigkeit	ME

3 *Zur Interpretation des Profils*

Test	SE	WA	AN	GE	ME	RA	ZR	FA	FÜ	TOT
SE	8,3	9,0	9,4	7,8	8,5	8,1	7,1	9,8	8,8	6,8
WA		9,6	10,0	8,5	9,2	8,8	7,8	10,4	9,4	7,6
AN			10,4	9,0	9,6	9,2	8,3	10,7	9,8	8,1
GE				7,3	8,1	7,6	6,5	9,4	8,3	6,5
ME					8,8	8,3	7,3	10,0	9,0	7,1
RA						7,8	6,8	9,6	8,5	6,5
ZR							5,5	8,8	7,6	5,8
FA								11,1	10,2	8,5
WÜ									9,2	7,3
TOT										3,3

Abb. 3 Kritische Differenzen auf dem 5%-Niveau der IST-Subtests (aus: LIENERT, G. A., Testaufbau und Testanalyse. Weinheim/Berlin/Basel, 1969[3], S. 462)

Korrelationsmatrix N = 799

	Ges.	SE	WA	AN	GE	ME	RA	ZR	FA	WÜ
Ges.	–	–	–	–	–	–	–	–	–	–
SE	.648	–	–	–	–	–	–	–	–	–
WA	.637	.337	–	–	–	–	–	–	–	–
AN	.723	.425	.406	–	–	–	–	–	–	–
GE	.635	.388	.427	.391	–	–	–	–	–	–
ME	.512	.380	.218	.251	.206	–	–	–	–	–
RA	.673	.363	.413	.395	.254	.169	–	–	–	–
ZR	.684	.316	.304	.380	.253	.309	.576	–	–	–
FA	.548	.227	.256	.299	.226	.027	.353	.322	–	–
WÜ	.572	.165	.300	.322	.156	.089	.315	.278	.436	–

Mittel der Korrelationen (Untertest mit Gesamttest)r = .626
Mittel der Interkorrelationen (Untertest mit Untertest)r = .302
Basis für die Berechnung der Matrix bilden die Ergebnisse einer Gruppe von 799 Personen X = 97,8; s = 20,5 (in Rohwerten)

Abb. 4 Korrelation der einzelnen Subtests (aus: Handanweisung IST 70, Göttingen 1970, S. 32)

4 *Zum Verhältnis von Gesamtstandardwert und IQ*

Gesamt-SW	I.Q.	Gesamt-SW	I.Q.
130 =	145	98 =	97
128 =	142	96 =	94
126 =	139	94 =	91
124 =	136	92 =	88
122 =	133	90 =	85
120 =	130	88 =	82
118 =	127	86 =	79
116 =	124	84 =	76
114 =	121	82 =	73
112 =	118	80 =	70
110 =	115	78 =	67
108 =	112	76 =	64
106 =	109	74 =	61
104 =	106	72 =	58
102 =	103	70 =	55
100 =	100	68 =	52

Abb. 5 Transformationstabelle GSW und IQ (aus: Handanweisung IST, S. 57) (vgl. Abb. 1, S. 47)

Literatur zum IST

AMTHAUER, R., IST 70 Intelligenz-Struktur-Test. Göttingen, [2]1973

AMTHAUER, R., Beiträge zur Verifizierung der Strukturhypothese beim IST. in: Bericht über den 21. Kongreß der Deutschen Gesellschaft für Psychologie. Bonn, 1957

AMTHAUER, R., Intelligenz und Beruf. in: Z. f. exp. u. angew. Psychol., **1**, 1953, S. 102–137

AMTHAUER, R., Über die Prüfung der Zuverlässigkeit von Tests – erörtert am Intelligenz-Struktur-Test. in: Psychol. Rdsch., **8**, 1957

FISCHER, H., Ein Vergleich zwischen dem IST von Amthauer und dem PMA von Thurstone. in: Diagnostica **4**, 1958

GALLE, G., Erfahrungen mit dem IST von Rudolf Amthauer. in: Psychol. u. Praxis, 1956, S. 33–45

GREIF, S., Gruppenintelligenztest. Untersuchungen am WIT, IST, LPS und AIT. Bern/Frankfurt, 1972

GROFFMANN, K. J. & J. SCHNEEVOIGT, Vorläufige Ergebnisse einer Vergleichsuntersuchung an Studenten mit dem LPS (Horn) und dem IST (Amthauer), in: Schweiz. Z. f. Psychol., **23**, 1964, S. 243–252

LIENERT, G. A., Belastung und Regression. Meisenheim/Glan, 1964

LIENERT, G. A., Testaufbau und Testanalyse. Weinheim/Berlin/Basel, 1969[3]

MARSCHNER, G., Betriebspsychologische Erfahrungen mit dem IST bei Auswahluntersuchungen. in: Psychol. u. Praxis, **10**, 1966, S. 145–153

MICHEL, L., Die Auswertungsobjektivität des Intelligenz-Struktur-Tests (IST). in: Diagnostica, **13**, 1967, S. 148–153

PUTZ-OSTERLOH, W., Über Problemlösungsprozesse bei dem Test Würfelaufgaben aus dem Intelligenzstrukturtest IST und IST-70 von Amthauer. in: Diagnostica, 23, 1977, S. 252–265

Leistungs-Prüf-System (LPS)

	Das LPS ist ein Verfahren, dessen Ergebnisse Aufschlüsse über die Leistungsfähigkeit, Intelligenzartung und Arbeitsweise einer untersuchten Person geben.
GL IQ	Der Pb erreichte in diesem Test eine Gesamtleistung von . . ., was umgerechnet einem IQ von . . . entspricht.
PR	Seine allgemeine Intelligenzleistung liegt damit über der von . . . % seiner Altersgefährten. Bei Berücksichtigung der Meßungenauigkeit des Verfahrens liegt seine Leistung mit einer Wahrscheinlichkeit von 95 % zwischen . . . und . . . . Somit kann seine gezeigte allgemeine intellektuelle Leistungsfähigkeit als *ausgesprochen / sehr gut / durchschnittlich niedrig / hoch* angesehen werden.

Für die Alterstufen 10–50 und älter liegen in der Handanweisung Tabellen zur Umrechnung der Rohwerte in C-Werte vor, die der Gesamtleistung entsprechenden IQ-Punkte sind ebenfalls aus Tabellen ersichtlich. Die kritische Differenz für die Gesamtleitung liegt für C-Werte bei 0,4, bei IQ-Werten im Bereich von 3.

Die **Klassifikation der allgemeinen Intelligenzleistung** kann nach folgenden Gesichtspunkten vorgenommen werden:

	PR	C	IQ
äußerst niedrig	kleiner 1	0.0	bis 62
sehr niedrig	1–7	bis 2.0	63–78
niedrig	8–25	bis 3.6	79–90
durchschnittlich	26–73	bis 6.2	91–109
hoch	74–87	bis 7.2	110–117
sehr hoch	88–96	bis 8.6	118–126
extrem hoch	ab 97	über 8.6	ab 127

$1+2 < 3+4$	Insgesamt gesehen, dürfte die potentielle intellektuelle Leistungsfähigkeit des Pb größer sein, da er sie evtl. in diesem Verfahren nicht voll zur Darstellung bringen konnte, was auf mangelhafter Schulbildung oder aber geistiger Uninteressiertheit sowie der Neigung, schon bei nicht allzugroßen Anforderungen aufzugeben, beruhen kann.

1+2>3+4	Insgesamt gesehen dürfte die intellektuelle Leistungsfähigkeit des Pb, insbesondere sein Vermögen abstrakt-logisch zu denken, im Abbau begriffen sein.
1+2=3+4	Insgesamt gesehen dürfte der Pb mit diesem Ergebnis seine potentielle Leistungsfähigkeit erreicht haben.

Aus dem Verhältnis der Subtestwerte von 1+2 zu 3+4 lassen sich nach Angabe des Testautors Hypothesen über den **optimalen Einsatz der intellektuellen Leistungsfähigkeit** ableiten, die selbstverständlich durch andere Befunde oder Informationen aus Exploration und Anamnese abgestützt werden sollten.

1+2	Der Pb verfügt über ein *überdurchschnittliches / durchschnittliches / unterdurchschnittliches* Wortverständnis,
1	er besitzt *umfassende / ausreichende / mangelnde* Wortkenntnis und einen *ausgeprägten / weniger großen* Wortschatz.
2	Seine Fähigkeiten in der Rechtschreibung sind *gut / durchschnittlich gut / weniger gut / mangelhaft,* was auf eine ... Allgemeinbildung schließen läßt.
5+6	Dabei fällt es ihm *ausgesprochen / durchschnittlich leicht / besonders schwer,* seinen vorhandenen Wortschatz zu handhaben und über ihn adäquat zu verfügen.
3+4	Die Fähigkeit, Gesetzmäßigkeiten zu erkennen, Wesentliches herauszufinden und Regeln zu bilden, also abstrakt-logisch Beziehungen aufzudecken, ist beim Pb *sehr stark / durchschnittlich / weniger stark* ausgeprägt.
7, 8, 9, 10	Mit Symbolen kann der Pb gedanklich *recht / weniger* geschickt umgehen, er besitzt ein *gutes / weniger gutes / ausgesprochen schlechtes* räumliches Vorstellungsvermögen, dürfte also *eher technisch / weniger technisch* begabt sein. Besonders ausgeprägt ist seine Fähigkeit,...
7	gedanklich Symbole bewegen zu können.

8, 9	sich Gebilde räumlich vorstellen zu können
10	Wesentliches trotz ablenkender Einzelheiten zu erkennen.
11+12	In sehr *hohem / hohem / durchschnittlichem / geringem* Maß besitzt der Pb die Fähigkeit, unvollständige Figuren und Symbole schnell und leicht zu einem vollständigen Ganzen zu vervollständigen, dabei verfügt er über eine *gute / mittlere / schlechte* visuelle Auffassungsgabe und eine ... Gedächtnisvorstellung.
13+14	Bei Routineaufgaben mit Zahlenmaterial, die ein schnelles Erfassen von Details erfordern, ist der Pb in der Lage *schnell, sicher und sorgfältig / ungenau und langsam* zu arbeiten. Er kann sich bei derartigen kurzfristigen Aufmerksamkeitsleistungen *gut / weniger gut* konzentrieren.

Beim LPS empfiehlt es sich ebenfalls, die einzelnen **Subtests**, in Einheiten zusammengefaßt entsprechend ihrem Inhalt, nach der Leistung des Probanden gegliedert darzustellen. Die herausragenden Leistungen, sowohl auf der positiven wie auch auf der negativen Seite, sollten abgesetzt behandelt werden.
Unterscheidbare Differenzen sollten erst ab 2 C-Werten angenommen werden.

Arbeitskurve 1+2	Das Leistungsvermögen des Pb bei kurzzeitiger intensiver Belastung ist *hoch / durchschnittlich / niedrig.* Er kann sich dabei *gut / mittel / schlecht* konzentrieren.
F%	Die Genauigkeit seiner Leistung bei diesen Aufgaben ist eher *überdurchschnittlich / durchschnittlich / unterdurchschnittlich.*
Gesamt	Die Leistungsfähigkeit des Pb insgesamt bei 40 Minuten dauernden einfachen Additionsaufgaben ist durch eine *ausdauernde, sich steigernde / konstante und durchschnittliche / im Verlauf der Aufgaben abfallende* Einsatzbereitschaft gekennzeichnet. Die dabei auftretenden Leistungsschwankungen sind *übermäßig stark / normal / ausgesprochen* gering.

Falls zusätzlich die **Arbeitskurve** ermittelt wurde, ist zur weiteren Interpretation auf Arnold (1975[5]) verwiesen.

	Zusammenfassend kann festgehalten werden, daß die insgesamt *überdurchschnittliche / durchschnittliche / unterdurchschnittliche* intellektuelle Leistungsfähigkeit des Pb (umgerechnet einem IQ von ... entsprechend) Schwerpunkte im Bereich ... erkennen läßt. Die weniger guten Leistungen betreffen ....

Auch beim LPS erscheint es günstig, eine **kurze Zusammenfassung** der in dem Verfahren erbrachten Gesamtleistung und der herausragenden Subtestleistungen zu liefern.

	Mit dieser Leistung liegen *doch / schwerwiegende / kaum / überhaupt keine* Bedenken vor, daß der Pb ... erreichen wird.

Eine **Prognose über zukünftige Ausbildungsziele oder über Fragen der Berufseignung** kann sich unter Umständen anschließen.

Hinweise zur Interpretation des LPS

1 *Zum Inhalt der Subtests und zur faktorenanalytischen Absicherung*

Was wird nun mit den einzelnen Aufgabenreihen erfaßt? Dazu läßt sich insbesondere nach den Erkenntnissen des Faktorenanalytikers **Thurstone** anführen:

Aufgabenreihe	
1+2	Allgemeinbildung. Rechtschreibekenntnisse (*Verbal Factor*)
3	Denkfähigkeit, Erkennen von Gesetzmäßigkeiten, relativ unabhängig von der Schulbildung (*Reasoning*)
4	Logisches Denken und Erkennen von Regeln, wobei Schulisches nicht ganz unwichtig ist (*Reasoning*)

5+6	Worteinfall oder Wortflüssigkeit und Initiative (*Wordfluency*)
7	Gedankliches Bewegen von Symbolen (*Space 1*)
8	Räumliches Vorstellen und Formen mit Symbolvergleich (*Space 2*)
9	Raumvorstellung (*Space*)
10	Erkennen des Wesentlichen trotz ablenkender Einzelheiten (*Closure 2*)
11	Umfang und schnelle Verfügbarkeit visueller Gedächtnisvorstellungen (*Closure*)
12	Erkennen von Unvollständigem (*Closure 1*)
13+14	Bemerken von Fehlern, Heraussuchen und Zählen von Zahlen, Wahrnehmungstempo (*Perceptual Speed, Accuracy*)
Arbeitskurve	
1+2	Schnelles Addieren (*Number*)
1–10	Gipfellage, Verlaufsform etc., siehe *Pauli* (1950).

Abb. 6 Inhalt der einzelnen Aufgabenreihen (aus: LPS Handanweisung S. 24)

2 *Hypothesen für Berufseignungen*

Solche Prüflinge, die einen gehobenen Beruf ergreifen wollen (z. B. Maschinenbau, weniger Elektrotechnik), sollten besonders in den Testreihen 7–11 gute Leistungen zeigen, und zwar auch relativ zu den übrigen Aufgabengruppen, soweit sie nicht für hervorragende Stellungen in Frage kommen und deshalb überall gut sind.

Hohe Leistungen in den Prüfreihen 10–12 dürften für manche Stellungen in einer Wehrmacht bedeutsam sein (z. B. Artilleriebeobachter).

Prüflinge mit Zeichentalent und künstlerischem Interesse zeigen im allgemeinen in Aufgabenreihe 11 besonders gute Ergebnisse.

Gute Leistungen in den Reihen 12, 13 und 14 sollten von Bewerbern für Bürostellen gefordert werden (vgl. Handanweisung, S. 25).

N		1+2	3+4	5+6	7–10	11+12	13+14	1–14	1+2
39	Juristen (Refendare)	69	60	67	102	57	39	394	13
41	Abiturienten	60	59	65	106	58	40	388	15
115	Studenten (Psychologie)	59	56	71	99	52	37	375	–
54	Oberstufe, Oberschule, naturwiss. Zweig	53	58	63	103	57	40	374	13
29	Ingenieurschüler (Betriebsing.)	48	56	54	112	53	42	364	13
55	Oberstufe, Oberschule, sprachl. Zweig	54	56	61	91	53	42	358	13
39	Oberschüler, 8. Klasse	41	50	55	79	51	41	317	9
24	Kaufmännische Lehrlinge (M)	41	51	52	81	51	40	316	13
40	Mittelschüler, 10. Klasse	40	51	54	86	48	36	314	12
27	Technische Zeichenlehrlinge (M, U)	33	52	43	94	50	33	305	12
23	Kaufmännische Lehrlinge, Industr. (U)	35	47	48	69	46	37	282	13
36	Mittelschüler, 8. Klasse	34	45	45	72	42	35	273	10
31	Bürogehilfen (O)	30	45	50	62	42	41	271	14
24	Maschinenschlosserlehrlinge (M, U)	29	47	38	81	45	33	270	9
23	Betriebsschlosserlehrlinge (M, U)	26	46	31	74	41	28	245	9
20	Elektrikerlehrlinge (M)	26	46	30	70	41	29	240	10
18	Schreinerlehrlinge (U)	23	44	31	73	39	29	240	9
17	Friseurlehrlinge (M)	26	43	34	62	39	34	237	9
27	Verkaufslehrlinge (Lebensmittel, U)	26	41	34	62	47	31	231	10
62	Volksschüler, 8. Klasse	24	41	34	66	37	29	231	7
59	Sextaner	20	44	32	60	34	27	217	8
21	Autoschlosser (U)	22	40	27	63	38	28	217	8
29	Landmaschinenschlosser (M, U)	20	40	26	66	38	26	216	7
21	Verkaufslehrlinge (Textil, U)	19	41	32	51	33	32	208	10
27	Malerlehrlinge (O)	19	40	28	53	35	30	206	8
18	Bäckerlehrlinge (M)	22	40	24	52	36	29	203	9
23	Maurerlehrlinge (U)	17	34	23	60	33	24	192	7
159	Volksschüler, 4. Klasse (Januar)	12	34	18	38	24	20	146	4
18	Ungelernte (U, M)	9	27	13	33	23	16	122	4
26	Hilfsschüler, 4.–6. Klasse	4	26	10	20	10	14	80	2

(U = Unterstufe, M = Mittelstufe, O = Oberstufe der Berufsschule)

Abb. 7 Interpretationshinweise des Verfassers und Mittelwerte der Rohwerte verschiedener Gruppen (aus: Handanweisung S. 25)

Literatur zum Leistungs-Prüf-System

HORN, W., Leistungsprüfsystem. Göttingen, 1962, 2. überarbeitete und ergänzte Auflage. 1983

ARNOLD, W., Der Pauli-Test. Berlin, 1975[5]

GREIF, S., Gruppenintelligenztests. Untersuchungen am WIT, IST, LPS und AIT. Bern/Frankfurt,1972

GROFFMANN, J. J. & J. SCHNEEVOIGT, Vorläufige Ergebnisse einer Vergleichsuntersuchung an Studenten mit dem LPS (Horn) und dem IST (Amthauer), in: Schweiz. Z. f. Psychol., 23, 1964 S. 243–252

HARTMANN, H., Das Leistungsprüfsystem (LPS). in: Diagnostica, 9, 1963/64, S. 133–135

THURSTONE, L. L., Primary Mental Abilities. in: Psychometric Monograph, 1938, Nr. 1

Prüfsystem für Schul- und Bildungsberatung (PSB)

GL	Im PSB, einem Verfahren der Intelligenzdiagnostik, bei dem unter Zeitdruck intellektuelle Leistungen zu erbringen sind, die in vielem den schulischen Anforderungen ähnlich sind, erreicht der Pb einen Gesamtwert von . . , was umgerechnet einen IQ von . . . enspricht. Im Vergleich zu seiner Altersgruppe liegt er *über* / *im* / *unter* dem Durchschnitt, (*nur*) etwa . . % schneiden so gut wie er oder besser ab. Bei Berücksichtigung der Meßungenauigkeit des Verfahrens dürfte sein wahrer *Gesamtwert* / *IQ* mit einer Wahrscheinlichkeit von 95 % zwischen . . . und . . liegen. Vergleicht man seine intellektuelle Leistungsfähigkeit mit *Realschülern* / *Gymnasiasten*, so liegt er (*deutlich* / *kaum*) *über* / *unter* deren Durchschnitt.

Entsprechend dem LPS, dessen Weiterentwicklung für den Schulberatungsbereich mit einer Standardisierung von 9 bis 21 Jahren (Hauptanwendungsbereich 9–15 Jahren) das PSB ist, liegen **Vergleichstabellen für die jeweiligen Altersstufen** vor. Zusätzlich hat das PSB eine Normierung für **Schulnoten** und **Schultypen.**

Die kritische Differenz beträgt ebenfalls bei C-Werten ± 0.4 und bei IQ-Werten ± 3. Als durchschnittlich könnte man Ergebnisse zwischen den C-Werten 3.7 und 6.2 etwa bezeichnen.

1+2<3+4	Insgesamt dürfte die potentielle intellektuelle Leistungsfähigkeit des Pb höher anzusetzen sein. *Mangelnde Schulbildung / geistige Uninteressiertheit / Lethargie / schnelles Resignieren selbst bei leichten Aufgaben / . . .* u. ä. könnten verhindert haben, daß er seine Fähigkeit voll einsetzte.
1+2>3+4	Insgesamt muß man berücksichtigen, daß seine intellektuelle Leistungsfähigkeit zum Zeitpunkt des Testes vermindert gewesen sein dürfte, verantwortlich dafür mag sein, daß der Pb *übermüdet war / unter Schlafmangel leidet / . . . u. ä.* .
1+2=3+4	Insgesamt gesehen dürfte der Pb seine intellektuelle Leistungsfähigkeit voll ausgeschöpft haben.

Das Verhältnis der Subtestleistungen von 1+2 zu 3+4 gibt Aufschluß über den **optimalen Einsatz der intellektuellen Leistungsfähigkeit** des Probanden. Interpretierbar sind Unterschiede ab 2 C-Punkten.

1+2	Der Pb verfügt über *ausgeprägte / umfassende / ausreichende / unzureichende / mangelhafte* Wortkenntnisse verbunden mit *ebensolchen / dagegen besonders guten / durchschnittlichen* Rechtschreibkenntnissen.
5	Dabei kann er seinen Wortschatz *flüssig und gewandt / unzureichend / ausreichend aktiv* handhaben.
6	Sein Wortverständnis ist . . . ausgeprägt und er vermag *gut / schlecht* schemenhafte Darstellungen ganzheitlich zu erfassen und in einen übergeordneten Zusammenhang zu stellen.
3+4	Seine Fähigkeit Gesetzmäßigkeiten zu erkennen, komplexe Zusammenhänge zu erfassen und daraus Schlüsse zu ziehen ist *(sehr)gut / durchschnittlich / weniger gut* ausgeprägt.
7+8	*(Ausgesprochen)leicht / schwer* fällt es dem Pb, vorgegebene Strukturen aus einem komplexen

	Zusammenhang zu lösen und Wesentliches trotz ablenkender Details zu erkennen, was auf eine mehr technische Begabung schließen läßt.
8	Das wird *dadurch bestärkt / dadurch abgeschwächt*, daß er ein gutes räumliches Vorstellungsvermögen besitzt.
9+10	Sein *gutes / schlechtes* Wahrnehmungstempo, d. h. das schnelle Erfassen von Einzelheiten bei der Erledigung von Routineaufgaben, *ermöglicht ihm / hindert ihn* am *schnellen / sicheren / sorgfältigen* Arbeiten. Bei solchermaßen gestalteten Arbeiten kann er sich *auch gut / jedoch nicht sehr gut* konzentrieren.

Die im Vergleich zum LPS etwas umgestalteten und ungekürzten Aufgabenreihen und **Subtests** sollten wieder entsprechend dem vom Probanden erzielten Resultat dargestellt werden: die besonderen Leistungen in bestimmten Bereichen von den Schwächen abheben.

(1+2)+(5+6)	Allgemein läßt sich beim Pb eher eine sprachliche Begabung feststellen.
(3+4)+(7+8)	Allgemein läßt sich beim Pb eher eine mathematisch – naturwissenschaftliche Begabung feststellen.
	Besonders treten Fähigkeiten im Bereich der . . . hervor.

Auffallend gute Leistungen in bestimmten Bereichen (vgl. Inhalte der einzelnen Untertests und die faktoren-analytische Absicherung) können ebenso wie eine mehr generelle Orientierung hin zu sprachlichen oder technischen Gebieten erwähnt werden.

	Zusammenfassend kann man feststellen, daß der Pb mit seiner intellektuellen Leistungsfähigkeit (einem Gesamtwert von . . ., der umgerechnet eine IQ von . . . entspricht) der . . . (*jeweils in Frage kommenden Schulart*) . . . *gewachsen sein / nur schwerlich gerecht / nicht gerecht wird / ihren Anforderungen leicht / nicht gewachsen sein wird.*

Neben einer **Zusammenfassung** der wichtigsten Ergebnisse kann eine **Aussage über die Erfüllung bestimmter Anforderungen** in entsprechenden Schultypen bei Fragen der Bildungsberatung angeschlossen werden. (vgl. Abb. 9)

Hinweise zur Interpretation des PSB

1 *Zum Inhalt der Untertests*

Subtest

1 + 2	Verbalität, Umgang mit Wörtern, Wortschatz, Wortverständnis, Allgemeinbildung	
3	Denkfähigkeit – abstraktes Material	Reasoning
4	Denkfähigkeit – bekannte Symbole	
5	Wortflüssigkeit, Worteinfall	word fluency
6	Wortverständnis, Ratefähigkeit	
7	Raumvorstellung (potentielle techn. Begabung) technische Begabung	
8	Raumvorstellung, Gliederungsfähigkeit	
9	Rechenfähigkeit = Leichtigkeit im Umgang mit einfachen Aufgaben	
9 + 10	Wahrnehmungstempo, Schnelligkeit im Erfassen von Details und Erledigung von Routinearbeiten.	

2 *Hypothesen für Schul- und Berufsberatung*

Gute Leistungen in bestimmten Untertests oder Untertestgruppen lassen auf bestimmte Befähigungen für berufliche oder Ausbildungsorientierungen schließen:

3,4	Gute Leistungen im akademischen Bereich können erwartet werden, wenn gute Resultate in 3 und 4 erreicht werden.
1+2,5+6	Es kann bei guten Resultaten in diesen Aufgaben auf eine gute sprachliche Begabung geschlossen werden.
3+4,7+8	Bei guten Ergebnissen in diesen Untertests kann auf eine mathematisch-technische Begabung geschlossen werden, in Fragen der Beratung für einen bestimmten Schultyp bietet sich ein naturwissenschaftlich ausgerichteter an.
8	Besonders Subtest 8 weist auf hohe Begabung und Eignung für weiterführende Schulen hin.

Abb. 8 Deutungsansätze zu den PSB-Untertests. (aus: Handanweisung)

Folgende Normentabellen für Schultypen, die in etwa den Daten von Aurin (1966) entspricht, könnte unter Vorbehalten für die Empfehlung von bestimmten Schularten verwendet werden

Schule	1/2	3/4	5/6	6	7	8	9	10	C	Z	IQ
Gym-	6.4	7.2	7.1	6.7	6.1	6.2	6.0	6.2	7.0	110	115
nasium	(1.4)	(1.5)	(2.1)	(1.9)	(1.9)	(1.7)	(1.8)	(1.6)	(1.3)		
Aufbau-	5.3	7.0	6.3	5.6	5.5	5.7	5.1	5.4	5.8	104	106
Gynm.	(1.6)	(1.4)	(2.1)	(1.8)	(1.9)	(1.9)	(1.8)	(1.7)	(1.1)		
Real-	5.1	5.8	5.9	5.3	4.9	5.2	5.6	5.4	5.3	102	103
schule	(1.4)	(1.4)	(2.1)	(1.6)	(1.7)	(1.8)	(1.8)	(1.7)	(1.1)		
Haupt-	3.9	4.4	5.0	4.4	4.3	4.3	4.0	4.5	4.2	96	94
schule A	(1.6)	(1.5)	(2.0)	(1.5)	(1.6)	(1.8)	(1.7)	(1.9)	(1.1)		
Haupt-	2.8	3.5	3.9	3.4	3.9	3.7	3.2	3.9	3.2	91	86
schule B	(1.6)	(1.7)	(2.0)	(1.5)	(1.8)	(1.8)	(1.5)	(2.0)	(1.2)		
Sonder-	1.4	1.5	2.1	1.8	2.9	2.5	2.2	2.2	1.6	83	72
schule	(1.4)	(1.5)	(1.7)	(1.3)	(1.3)	(1.8)	(1.5)	(1.9)	(0.7)		

Abb. 9 Richtwerte für die Anforderungen in bestimmten Schularten (Unterstrichene Werte unterscheiden sich signifikant von denen des nächstfolgenden Schultyps; in Klammern sind die Abweichungswerte angegeben) (nach: AURIN, S. 81)

Literatur zum Prüfsystem für Schul- und Bildungsberatung

HORN, W., Prüfsystem für Schul- und Bildungsberatung, Göttingen, 1969

AURIN, K., Ermittlung und Erschließung von Begabungen im ländlichen Raum. Villingen, 1966

Adaptives Intelligenz Diagnostikum (AID)

Intelligenz-quantität	Dieses Verfahren versucht ‚Intelligenz' durch die quantitative Bestimmung eines breiten Spektrums von Fähigkeiten zu erfassen, die für ‚intelligentes' Verhalten verantwortlich scheinen. Mit seiner minimalen Testleistung liegt der Pb insgesamt *im unteren / im / im oberen Durchschnittsbereich / deutlich unter / über dem Durchschnitt* seiner Altersgruppe. Lediglich ... % der Gleichaltrigen erbringen gleich gute oder bessere Minimalleistungen.
Range	Die Spannbreite der einzelnen Teilleistungen liegt dabei *unter dem / im / über dem* Durchschnitt der Altersgruppe. Dies bedeutet, daß die Fähigkeiten in den verschiedenen erfaßten Leistungsbereichen *sehr / ausgeglichen / sehr einseitig verteilt* sind.

Durchschnittlich ist eine Range von 26; Werte über 40 wurden nur bei 5% der Standardisierungsstichprobe beobachtet und sind daher als auffällig zu interpretieren.

Aus testtheoretischen Gründen wird in der Handanweisung vorgeschlagen, zur globalen Intelligenzbeurteilung sowohl die minimale Testleistung als auch die Spannbreite sämtlicher Testleistungen heranzuziehen. Die Bestimmung des herkömmlichen Intelligenzquotienten ist zwar anhand der gegebenen Normwerte möglich, wird aber von den Autoren lediglich der Vollständigkeit halber behandelt.

minimaler T-Wert ‚manuell-visuell' > ‚verbal-akustisch'	Dabei überwiegen die manuell-visuellen Fähigkeiten gegenüber den verbal-akustischen.
‚verbal-akustisch' >‚manuell-visuell'	Dabei überwiegen die verbal-akustischen gegenüber den manuell-visuellen Fähigkeiten. Dies läßt darauf schließen, daß der Pb bei der Aufgabenlösung eher eine analytische, schrittweise Bearbeitungsweise verfolgt.

Ein signifikanter Unterschied zwischen der Gruppe der manuell-visuellen und der verbal-akustischen Fähigkeiten besteht mit 95% Wahrscheinlichkeit bei einer Differenz von 16 Punkten; er sollte deshalb auch erst ab dieser Größenordnung interpretiert werden.

Die von den Testautoren vorgeschlagene Interpretation hinsichtlich des kognitiven Stils ist (bisher) empirisch nicht abgesichert; sie beruht auf einer inhaltsanalytischen Betrachtung der Einzeltests. Da die meisten ‚manuell-visuellen' Fähigkeiten eine Integration sowohl des analytischen als auch des ganzheitlich-globalen kognitiven Stils voraussetzen, ist aus dem Überwiegen dieser Fähigkeiten ein Schluß auf den kognitiven Stil des Pb nicht möglich.

1	Der Pb ist im Vergleich zu seinen Altersgefährten *gut / weniger gut* in der Lage, sich Sachkenntnisse über Inhalte anzueignen, die in der heutigen Gesellschaft alltäglich sind.
2	Der Pb kann die Wirklichkeit um die Dinge des Alltags *leicht / weniger leicht* verstehen bzw. kontrollieren.
3	Es fällt ihm *leicht / schwer,* bei der Problemlösung alltäglicher Aufgabenstellungen durch entsprechende Schlußfolgerungen die passenden Rechenoperationen anzuwenden.
4	Der Pb hat *keine Schwierigkeiten / Mühe,* die Abfolge sozialen Geschehens bzw. alltäglicher Sachgegebenheiten zu verstehen und zu kontrollieren.
5	Er verfügt unter verbal-akustischem Aspekt über eine *recht hohe / ziemlich schwache* Konzentrationsfähigkeit.
6	Der Pb verfügt über einen *großen / kleinen* Bestand an sprachlichen Kenntnissen.
7	Er kann im manuell-visuellen Bereich (symbolische) Informationen *schnell / nur langsam* verarbeiten.
8	Dem Pb fällt es *leicht / schwer,* Teile eines (konkreten) Ganzen zu erkennen und auf dem Wege des schlußfolgernden Denkens dieses Ganze zu gestalten.
9	Dem Pb gelingt es *recht gut / nur schlecht,* durch Abstraktion zu Begriffsbildungen zu gelangen.
10	Er ist *gut / nur mit Mühe* in der Lage, komplexe geometrische Gestalten zu erkennen und durch geeignete Strukturierung zu reproduzieren.
11	Der Pb begreift Sachzusammenhänge der ‚gesellschaftlichen' Umwelt *gut / weniger gut.* Er weiß über sozial angepaßte Verhaltensweisen und gesellschaftliche Bedingungen *Bescheid / kaum Bescheid.*

Auch bei der Interpretation der Einzeltests gilt eine kritische Differenz von 16, um die sich bei einer Irrtumswahrscheinlichkeit von 5% zwei T-Werte unterscheiden müssen, um als signifikant voneinander abweichend interpretiert werden zu dürfen. Die Testautoren empfehlen, die extremsten acht T-Werte für eine Profilinterpretation heranzuziehen.

Der AID wurde ausdrücklich daraufhin konzipiert, differentialdiagnostische Informationen im Hinblick auf gezielte Förderungsmöglichkeiten zu liefern. Er ermöglicht daher durch Kombination der Ergebnisse einzelner Subtests dementsprechend komplexe Aussagen, die auch von dem jeweiligen Untersuchungsanlaß abhängen. Zugunsten der Übersichtlichkeit und praktischen Handhabbarkeit verzichten wir auf einzelne Formulierungsvorschläge dazu und geben eine systematische Zusammenstellung relevanter Indikatoren.

Differential-Diagnose	Indikatoren	Testleistung	Alternativ-diagnose
unspezifische „intellektuelle Beeinträchtigung“	*Range* der „Intelligenz“	$\geq$ 40 T-Werte	
auffällig viel gefördert	6 Synonyme Finden 11 Soziales Erfassen und Sachliches Reflektieren 1 Alltagswissen	intraindividuell gut intraindividuell gut intraindividuell gut	
auffällig wenig gefördert	11 Soziales Erfassen und Sachliches Reflektieren (1 Alltagswissen) (6 Synonyme Finden)	intraindividuell schlecht intraindividuell schlecht intraindividuell schelcht	
sprachliche Defizite	6 Synonyme Finden „Arbeitshaltungen“: Sprachverhalten Lautbildung Sprachliches Ausdrucksvermögen	intraindividuell schlecht sprachscheu stottert, poltert vs. stammelt dysgrammatisch	
motorische Störungen	„Arbeitshaltungen“: Grobmotorik Feinmotorik	unruhig, zappelig vs. bewegungsarm, schwerfällig undifferenziert, unkoordiniert, zittrig vs. verkrampft, ungeschickt	
visumotorische	7 Kodieren und Assoziieren 10 Analysieren und Synthetisieren – abstrakt 8 Antizipieren und Kombinieren – figural	intraindividuell schlecht intraindividuell schlecht intraindividuell schlecht, aber vergleichsweise noch besser	siehe aber bei räumlicher Wahrnehmungsstörung
taktil-kinästhetische Störungen	siehe oben	in umgekehrter Reihenfolge	

räumliche Wahrnehmungsstörung	8 Antizipieren und Kombinieren – figural (10 Analysieren und Synthetisieren – abstrakt) „Arbeitshaltungen“: Wahrnehmung	intraindividuell schlecht intraindividuell schlecht verwechselt, verdreht die Raumlage	siehe aber bei visumotorischen sowie taktil-kinästhetischen Störungen
Störungen in der akustischen Speicherung	7 Kodieren und Assoziieren; „Lernquotient“ Assoziationen 5 Unmittelbares Reproduzieren – numerisch; „vorwärts“ „rückwärts“ (3 Angewandtes Rechnen; 6- bis 7jährige bzw. Ältere, wenn sie nicht mitgelesen haben)	intraindividuell gut intraindividuell gut intraindividuell schlecht intraindividuell schlecht intraindividuell schlecht	
„Differenzierungs- und Gliederungsschwäche“ im manuell-visuellen Bereich	10 Analysieren und Synthetisieren – abstrakt 2 Realitätssicherheit (4 Soziale und Sachliche Folgerichtigkeit) (7 Kodieren und Assoziieren; Kodiermenge)	intraindividuell schlecht intraindividuell schlecht intraindividuell schlecht intraindividuell schlecht	siehe auch unter Feldabhängigkeit
analytische, schrittweise Bearbeitungsweise *„kognitiver Stil“* ganzheitlich, globale Bearbeitungsweise	3 Angewandtes Rechnen 6 Synonyme Finden 4 Soziale und Sachliche Folgerichtigkeit 9 Funktionen Abstrahieren 11 Soziales Erfassen und Sachliches Reflektieren 6 Synonyme Finden 4 Soziale und Sachliche Folgerichtigkeit	intraindividuell gut intraindividuell schlecht intraindividuell gut intraindividuell gut intraindividuell gut intraindividuell gut intraindividuell schlecht	
Feldabhängigkeit *„kognitiver Stil“* Feldunabhängigkeit	10 Analysieren und Synthetisieren – abstrakt (2 Realitätssicherheit) siehe oben	intraindividuell schlecht intraindividuell schlecht intraindividuell gut	siehe aber bei „Differenzierungs- und Gliederungsschwäche“

Abb. 9a (aus: Handanweisung S. 41)

Testkennwerte	Faktor 1	Faktor 2	Faktor 3	Faktor 4	Kommunalität	Eigenwert
1 Alltagswissen	*.63*	.16	.23	.20	.52	5.05 (36.1%)
2 Realitätssicherheit	*.47*	.10	.09	.25	.31	1.39 (9.9%)
3 Angewandtes Rechnen	*.56*	.15	.31	.38	.58	1.13 (8.1%)
4 Soziale und Sachliche						1.03 (7.4%)
Folgerichtigkeit	.39	.14	.11	.36	.32	.83 (6.3%)
5 Unmittelbares Reproduzieren – numerisch						.69 (4.9%)
						.66 (4.7%)
„vorwärts“	.21	.02	*.52*	.14	.34	.61 (4.3%)
„rückwärts“	.15	.12	*.69*	.08	.53	.58 (4.1%)
6 Synonyme Finden	*.74*	.10	.18	.16	.61	.50 (3.5%)
7 Kodieren und Assoziieren						.42 (3.0%)
Kodiermenge	.17	*.68*	.12	.12	.52	.39 (2.8%)
Assoziationen	.15	*.87*	.08	.01	.79	.35 (2.5%)
„Lernquotient“	-.00	.08	-.02	-.11	.02	.33 (2.3%)
8 Antizipieren und Kombinieren – figural	.31	.17	.11	*.48*	.37	
9 Funktionen Abstrahieren	*.76*	.07	.16	.13	.63	
10 Analysieren und Synthetisieren – abstrakt	.36	.14	.12	*.55*	.47	
11 Soziales Erfassen und Sachliches Reflektieren	*.75*	.11	.11	.12	.60	

Abb. 9b Die Ladungen der 4-Faktorenlösung für 13 Testkennwerte im AID, ergänzt um den „Lernquotienten“ (T-Werte; 2144 Kinder); für die meisten Testkennwerte ist die jeweils höchste Ladung besonders hervorgehoben. Kommunalitäten für die 4-Faktorenlösung und die Eigenwerte (samt Prozentsatz erklärter Varianz) für die vollständige Lösung sind angeführt. Die Faktorenextraktion erfolgte mittels Hauptachsenmethode, die orthogonale Rotation nach dem **Varimax**-Kriterium. (aus: Handanweisung S. 26)

Die Testautoren interpretieren diese Faktoren als

Faktor 1: ‚Informationsverarbeitung in der gesellschaftlichen Umwelt'
Faktor 2: ‚Informationsverarbeitung neuer Inhalte'
Faktor 3: ‚Konzentrationsfähigkeit'
Faktor 4: ‚(Re-)Produktionsfähigkeit durch Strukturierung'

Lernquotient	Der Pb ist *in hohem Maße / durchschnittlich / nur wenig* in der Lage, in Problemsituationen selbständig Lösungsstrategien oder Fertigkeiten zu entwickeln.
Beiblatt	Eine wichtige Rolle beim Zustandekommen der einzelnen Testleistungen des Pb dürfte auch seine Arbeitshaltung gespielt haben. Auf Leistungsanforderungen reagierte er überwiegend mit… . Eine Ausnahme zeigte sich lediglich bei Aufgaben, die … , auf die er … reagierte.

Hier findet keine quantitative Auswertung statt, sondern die Testautoren geben (ohne Anspruch auf Vollständigkeit) qualitative Kategorien vor, mit deren Hilfe die Beobachtung des Testverhaltens des Pb systematisiert werden soll.

Literatur zum AID

KUBINGER, K.D. & E. WURST, Adaptives Intelligenz Diagnostikum. Weinheim, 1988[2]

Kaufman-Assessment Battery for Children (K-ABC)

Skala 3 + 4	Nach den Leistungen in diesem Verfahren liegt der Pb mit seinem gegenwärtigen Funktionsniveau, d.h. sowohl im Umgang mit neuartigen wie auch im Umgang mit bereits gelernten Anforderungen insgesamt mit einem IQ von ... (PR = ...) *im unteren / im / im oberen Durchschnittsbereich / deutlich unter / deutlich über dem Durchschnitt* seiner Altersgruppe.
Skala 4	Im Bereich des Faktenwissens und der Fertigkeiten, wie sie gewöhnlich in der Schule und durch Aufgeschlossenheit der Umwelt gegenüber erworben werden, liegt der Pb dabei mit einem IQ von ... (PR = ...) *im unteren / im / im oberen Durchschnittsbereich / deutlich unter / deutlich über dem Durchschnitt* seiner Altersgruppe.
Skala 3	Hinsichtlich der Gesamtintelligenz, die hier definiert wird als die Art und Weise, in der ein Individuum Probleme löst und Informationen verarbeitet, liegt der Pb mit einem IQ von ... (PR = ...) *im unteren / im / im oberen Durchschnittsbereich / deutlich unter / deutlich über dem Durchschnitt* seiner Altersgruppe. (Ein Prozentrang (PR) gibt die Stellung des Einzelnen in der Gruppe an. Ein Prozentrang von 50 (PR = 50) bezeichnet genau den Durchschnitt. Ein PR = 70 bedeutet z.B., daß nur 30 % einer vergleichbaren Stichprobe bessere Leistungen erzielen.)

Die beschreibenden Kategorien „durchschnittlich, oberer / unterer Durchschnittsbereich" etc. können entweder in Anlehnung an die Anwendung beim HAWIE (vgl. S. 65) oder wie im Interpretationshandbuch S. 142, Tafel 6.2 vorgeschlagen verwendet werden. In einem Gutachten sollte man sich für eine einheitliche Verwendung dieser sprachlichen Kategorien entscheiden.

Skala 1 ≈ Skala 2	Seine Fähigkeiten, neuartige Probleme durch ein ganzheitlich-räumliches Vorgehen oder durch ein einzelheitlich-zeitliches Vorgehen zu lösen, sind ähnlich ausgeprägt.

Skala 1 >/< Skala 2	Bei der Informationsverarbeitung des Pb ist der Verarbeitungsstil des ganzheitlichen Denkens gegenüber dem des einzelheitlichen Denkens *unter- / überlegen* und *un- / effektiver.*
Skala 1,2,3 : Skala 4	Seine Fähigkeiten zu Informationsverarbeitung und Problemlösung sind gegenüber seinem vorgehenden Faktenlernen und seinem Erwerben von Fertigkeiten *über- / unterlegen.*
Profil	Zwischen den einzelnen Untertests des Verfahrens zeigen sich *keine / nur wenige* signifikante Differenzen. Dies weist darauf hin, daß die 4 Gesamtskalen (s.o.) geistige Funktionen und Lernfähigkeit bei diesem Pb adäquat beschreiben.
Profil	Signifikante Stärken zeigte der Pb in den Untertests ... während die Leistungen in den Untertests ... signifikante Schwächen darstellen.

Grundlagen der Profilinterpretation sind signifikante Abweichungen der erzielten Werte in einzelnen Untertests vom individuellen Mittelwert des Pb. Diese Profilinterpretation sollte bei der Formulierung des Gesamtgutachtens aufgegriffen werden und unter Einbeziehung der anderen Untersuchungsbefunde hinsichtlich ihrer Ätiologie und eventuell abzuleitender Förderstrategien weiterentwickelt werden (vgl. dazu Interpretationshandbuch S. 49–78, sowie besonders Kap. 7, S. 171 ff.).
Eine große Zahl signifikanter Differenzen zwischen den Untertests spricht dafür, daß eine Neuorganisation innerhalb des Profils notwendig ist, um die Nuancen des kindlichen Verhaltens und seiner Begabung zu verstehen. In diesen Fällen liegt es nahe, sich gänzlich von unseren Formulierungsvorschlägen zu lösen.
Einheitliche Angaben zum Standardmeßfehler sind beim K-ABC nicht möglich. Im Interpretationshandbuch findet sich zu diesem Thema eine sehr differenzierte Darstellung hinsichtlich der einzelnen Skalen und Untertests, die auch die je nach Untersuchungsanlaß zu wählenden Konfidenzintervalle mit einbezieht.

Literatur

MELCHERS, P. & U. PREUSS, Kaufmann-Assessment Battery for Children. Deutschsprachige Fassung. Interpretationshandbuch. Frankfurt/Main 1994^2

Hamburg-Wechsler-Intelligenz-Test für Erwachsene (HAWIE)

Gesamt IQ PR	Dieses Verfahren versucht die ‚globale Intelligenz' zu erfassen, bestimmt als die Fähigkeit einer Person, „zweckvoll zu handeln, vernünftig zu handeln und sich mit seiner Umwelt wirkungsvoll auseinanderzusetzen." (WECHSLER) Mit einem in diesem Verfahren erreichten IQ von . . . liegt der Pb *im unteren / im / im oberen Durchschnittsbereich / deutlich unter / über dem Durchschnitt* seiner Altersgruppe. Lediglich . . . % der Gleichaltrigen erbringen gleich gute oder bessere Leistungen. Bei Berücksichtigung der Meßungenauigkeit des Verfahrens dürfte sein wahrer IQ mit einer Wahrscheinlichkeit von 95 % zwischen . . . und . . . liegen. In diesem Sinne kann die intellektuelle Leistungsfähigkeit des Pb als . . . bezeichnet werden.

Bei einer Wahrscheinlichkeit von 95 % liegt der wahre **IQ-Wert** zwischen +8 und −8 des ermittelten Resultats. Die **Intelligenzklassifizierung** nach Wechsler, die weitgehend in die Interpretationspraxis Eingang gefunden hat, sieht folgendermaßen aus:

	IQ	PR
schwachsinnig	bis 69	– 2.2
sehr niedrige Intelligenz	70 – 79	– 8
niedrige Intelligenz	79 – 90	– 27
durchschnittliche Intelligenz	91 – 109	– 73
hohe Intelligenz	110 – 117	– 86
sehr hohe Intelligenz	118 – 126	– 96
extrem hohe Intelligenz	über 127	– 100

Alternsnormen liegen im HAWIE-Testbuch für die Stufen von 10–59 Jahren; Tabellen für das Alter über 59 werden bei Riegel (1959) mitgeteilt.
Ein signifikanter Unterschied zwischen dem **Handlungs-IQ und dem Verbal-IQ** besteht mit 90 % Wahrscheinlichkeit bei einer Differenz von

VIQ>HIQ	Theoretisch-sprachliche Aufgaben, die verbale Befähigung verlangen, kann der Pb besser bewältigen als Situationen, in denen intelligentes Umgehen und Auffassen von nichtsprachlichem Material erfordert ist.
VIQ=HIQ	Theoretisch-sprachliche Situationen kann der Pb ebenso gut meistern wie Situationen, in denen Leistungen im Bezug auf nichtsprachliches, mehr praktisches Material gefordert sind.
VIQ < HIQ	Situationen in denen ein intelligentes Umgehen mit nichtsprachlichem Material gefordert ist, kann der Pb besser bewältigen als theoretisch-sprachliche Aufgaben.

11 Punkten; er sollte deshalb auch erst ab dieser Größenordnung interpretiert werden.
Falls der Subtestwert von RD stark aus der Reihe der übrigen im Verbalteil erfaßten Subtests herausfällt, ist es ratsam, ihn bei der Interpretation nicht zu berücksichtigen und den VIQ aus den übrigen vier Subtests zu ermitteln, da Faktorenanalysen eine Einbeziehung von RD in den Verbalteil nicht stützen.
Ebenso sollte die Interpretation von VIQ und HIQ nicht so weit gehen, wie es die Testautoren vorschlagen: die verbalen Subtests sind eher als verbale Befähigung, die Subtests des Handlungsteils weniger als Bewältigung der Lebensanforderungen, eher als Umgang und Auffassung nichtsprachlichen Materials zu interpretieren.
Liegt der VIQ relativ hoch, so läßt sich auf eine recht gute Allgemeinbildung des Probanden schließen, ist der VIQ eher geringer, so läßt sich eher auf ein gutes allgemeines Intelligenzniveau mit geringeren „Bildungsanteilen“ im Ergebnis schließen.

AW	Der Pb verfügt im Vergleich zu seinen Altersgefährten über ein *breit gestreutes Wissen / über ein geringes Allgemeinwissen*. Er zeigt *große / mangelnde* Aufgeschlossenheit gegenüber seiner Umwelt.
AV	Dem Pb gelingt es *recht gut / nur schlecht*, seine Erfahrungen mit der Umwelt gedanklich auszuwerten und für neue Situationen fruchtbar zu machen. Er hat *Mühe / keine Schwierigkeiten*, Situationen des Alltags rational zu übersehen und logisch zu erfassen.

RD	Numerische Zusammenhänge zu entschlüsseln fällt ihm *leicht / schwer*, wobei seine Konzentrationsfähigkeit *recht hoch / ziemlich schwach* ist.
GF	Der Pb ist *leicht / nur schwer* in der Lage, durch abstrakt logisches Denken das Wesentliche aus ähnlichen Inhalten zu erfassen und sprachlich zu äußern.
WT	Der Pb verfügt über einen *großen / kleinen* Bestand an sprachlichen Kenntnissen. Sein verbales Verständnis ist *überdurchschnittlich hoch / durchschnittlich / unterdurchschnittlich niedrig.*
ZN	Der Pb ist *gut / nur mit Mühe* in der Lage, eine Reihe von einzelnen Zahlen zu registrieren und kurzfristig im Gedächtnis zu behalten. Seine Merkfähigkeit in Verbindung mit Aufmerksamkeit und Konzentration *ist nicht / ist sehr* hoch.
ZS	Unter zeitlicher Belastung kann er *nur schwer / ohne Mühe* Wesentliches und Unwesentliches unterscheiden. Konzentration bei Routineaufgaben und die Umstellungsfähigkeit auf neue Details sind *sehr gut / nicht sehr gut.*
BE	Im Umgang mit anschaulichem, konkretem Material *kann der Pb leicht / fällt es dem Pb schwer*, bekannte Gegenstände rasch und genau zu erfassen und dabei die für Form und Funktion der Gegenstände wichtigen Details von den unwichtigen zu trennen.
BO	Dem Pb fällt es *leicht / schwer*, komplexe und soziale Abläufe und Situationen in ihrer Gesamtheit zu erfassen und sein Augenmerk auf wesentliche Einzelheiten in ihrer Bedeutung zu richten.
MT	Vermittels Kombinationsfähigkeit geometrisch-räumliche Figuren zu erkennen und in ihre einzelnen Komponenten zu zerlegen *fällt dem Pb sehr schwer / bereitet ihm keine Schwierigkeiten.*
FL	Er ist *sehr gut / gut / nur schwer* in der Lage Phantasie und Kombinationsfähigkeit zur Lösung von Problemen einzusetzen, die ein vorstellungsmäßiges Erfassen von Gestaltzusammenhängen erfordern.

Zur **Interpretation des Testprofils** bietet es sich an, einer Gliederung der Subtestwerte von überdurchschnittlich zu unterdurchschnittlich und dann zu durchschnittlich zu folgen.
Bei einem Gesamt-IQ zwischen 80 und 110 sollte der Abstand eines interpretationsfähigen Ergebnisses drei Wertpunkte vom Subtestmittelwert (=10 Wertpunkte) betragen. (vgl. dazu auch Abb. 12) Bei einem anderen Gesamt-IQ lassen sich Subtestresultate bei einer Abweichung von mehr als vier Punkten vom Mittelwert des Verbalteils bzw. Handlungsteils interpretieren.
Die teilweise recht geringe Reliabilität einiger Untertests (vgl. Abb. 13; BO, BE, ZN) sollte zu einiger Vorsicht bei den Aussagen in diesen Bereichen mahnen, deswegen hat sich in der Praxis zur Absicherung der differentiellen Interpretation der Untertests die Abweichung von drei Wertpunkten zum individuellen Durchschnitt als Maß durchgesetzt (die kritische Differenz liegt bei allen Subtests über 2).

BE,RD,ZS, MT,FL,BO (niedriger)	Steht der Pb unter zeitlicher Belastung, so zeigt er sich in seiner intellektuellen Leistungsfähigkeit *beeinträchtigt / nicht beeinträchtigt.*
ZN,ZS (niedrig)	Bei Aufgaben, die ein kurzfristiges Behalten von visuellen und akustischen Reizen verlangen, bringt der Pb Leistungen, die seiner *allgemeinen intellektuellen Leistungsfähigkeit / seinem Alter* nicht entsprechen.
ZN,ZS,FL (niedriger)	Es ist möglich, daß der Pb aufgrund *psychischer Beeinträchtigungen oder Schwierigkeiten / von Angst / Hemmungen / depressiver Stimmungslage . . . u. ä.* in seiner allgemeinen Leistungsfähigkeit beeinträchtigt ist.
ZN,RD,ZS	Die Merkfähigkeit des Pb ist *außerordentlich / sehr / einigermaßen gut / weniger gut.*
ZN,RD,BE	Der Pb zeigt eine *bemerkenswerte / recht geringe* Konzentrationsfähigkeit und Beweglichkeit im Denken.
AW,WT	Das vielseitige Interesse und die Aufgeschlossenheit der Umwelt gegenüber, die der Pb zeigt, drückt sich in einem breiten Wissen und sehr guten Sprach- und Begriffskenntnissen aus.

AW,AV,BO (hoch)	Der Pb ist in der Lage, seinen breiten Wissensstand auf konkrete und auch komplexe Situationen zu übertragen.
AV,BO (hoch)	Der Pb ist in der Lage, seine Umweltsituation gut zu erfassen und zu analysieren.

Zusätzlich zur Differentialinterpretation der Untertests bietet der Hawie die Möglichkeit, **Subtestkombinationen** für den Befund heranzuziehen. Faktorenanalytische Untersuchungen geben zusätzlichen Aufschluß über die von mehreren Untertests erfaßten Leistungsmerkmale.

	Zusammenfassend kann man sagen, daß die intellektuelle Gesamtbefähigung des Pb ... ist und über einen weiten Bereich *gleichmäßig ausgeprägt ist / allerdings in verschiedenen Bereichen unterschiedlich ausgeprägt ist.* Seine Leistungsschwerpunkte liegen im ... Bereich, weniger gut schneidet er bei Aufgaben, die ... erfordern, ab.

Der Übersichtlichkeit halber sollte am Ende eines längeren Hawie-Befundes noch einmal eine **kurze Zusammenfassung** der wichtigsten Ergebnisse stehen.

Weitere Hinweise zur Interpretation des HAWIE

1 *Zum Inhalt der einzelnen Subtests*

AW — Allgemeines Wissen
allgemeine Verbalbefähigung, Wissensbreite, Wissen über kulturelle Umwelt, Hinweis auf bisheriges Lernmilieu, hohe Korrelation zum Gesamt-IQ

AV — Allgemeines Verständnis
Verständnis der sozialen Umwelt, Wissen über die Notwendigkeit der Anpassung, kognitive Seite der Umweltbewältigung

ZN — Zahlennachsprechen
Merkfähigkeit im Zusammenhang mit Aufmerksamkeit und Konzentration
wenig stabiler Untertest, schlechte Reliabilität – schwierige Interpretation

RD Rechnerisches Denken
Konzentrationsfähigkeit, rechnerische Leistung, Fähigkeit mit Rechenaufgaben umgehen zu können
aus dem Verbalteil herauszunehmen, wenn er starke Unterschiede zu den übrigen Verbaluntertests aufweist, zu rechnerischem Denken hinzunehmen, Schulbildungseinflüsse spielen eine Rolle

GF Gemeinsamkeiten finden
abstrakt logisches Denken, Fähigkeit das Wesentliche aus ähnlichen Inhalten zu abstrahieren
höchster Anteil am Faktor der allgemeinen Intelligenz (G-Faktor), bestes Maß für allgemeine Intelligenz, stark für verbale Befähigung bestimmend

WT Wortschatztest
Umgang mit sprachlichen Kenntnissen, sprachlicher Ausdruck, verbales Verständnis, Lernfähigkeit, Definieren von abstrakten Begriffen
Umwelteinflüsse spielen eine Rolle

ZS Zahlensymboltest
Merkfähigkeit, Anpassungsfähigkeit, Gedächtnis- und Konzentrationsfaktor
(nicht als allgemeines Maß für psychomotorische Fähigkeiten nehmen)

BO Bilder ordnen
Verständnis und Wissen sozialer Abläufe, Erfassen von sozialen Gesamtsituationen
Perzeption spielt eine Rolle

BE Bilder ergänzen
Wahrnehmung, nichtverbale Befähigung, Beobachtungsfähigkeit, Erkennen von Gegenständen und wichtigen Einzelheiten, Unterscheidung von wesentlichen und unwesentlichen Details.
Einer der schlechtesten Subtests, alte Bilder und sehr geringe Reliabilität

MT Mosaiktest
Formwahrnehmung, Kombinationsfähigkeit, nichtverbale Befähigung, Organisation
(kein grober Schluß auf Raumwahrnehmung, schöpferische Fähigkeiten oder gestaltende Fähigkeiten)

FL Figuren legen
Wahrnehmungsaufgabe, Kombinationsfähigkeit auf nichtsprachlichem Gebiet, Beobachtungsfähigkeit, Erfassen konkreter Gegenstände, Planungsbefähigung

2 *Zur faktorenanalytischen Absicherung*

Die Zusammenfassung mehrerer Faktorenanalysen zum HAWIE (vgl. z. B. Cohen (1957), Lienert (1958)) ergibt folgende Faktorenstruktur:

Faktor I	allgemeine Intelligenz	GF (+), WT, AV
Faktor II	Verbalfaktor, verbales Verständnis und verbale Befähigung	WT (+), AW, AV, GF
Faktor III	nichtverbale Organisation Fähigkeit zur Organisation von räumlich wahrgenommenen Einheiten zu größerem Ganzen oder räumlichen Konfigurationen	FL (+), MT (BO,BE)
Faktor IV	Undifferenzierter Gedächtnisfaktor (assoziatives Gedächtnis)	ZN (+), ZS (RD,AW)

Abb. 10 Faktorenstruktur des HAWIE

3 *Zu den kritischen Differenzen beim HAWIE*

Kritische Differenzen zwischen den verschiedenen Untertests des HAWIE (in IQ-Einheiten) für die Gruppe der 20–24jährigen auf dem 5 %-Signifikanzniveau

	AV	ZN	RD	GF	BO	BE	MT	Verbal T.	Handl. T.	Gesamt
AW	18	20	11	13	22	18	14	11	14	11
AV		24	18	19	26	23	19	17	20	18
ZN			19	20	27	23	20	19	21	19
RD				12	22	17	12	10	13	10
GF					23	18	14	11	15	12
BO						26	23	21	23	22
BE							19	17	19	17
MT								12	15	12
Verbal T.									13	10
Handl. T.										13

Kritische Differenzen zwischen den verschiedenen Untertests des HAWIE (inIQ-Einheiten) für die Gruppe der 25–29jährigen auf dem 5 %-Signifikanzniveau

	AV	ZN	RD	GF	BO	BE	MT	Verbal T.	Handl. T.	Gesamt
AW	22	22	19	17	27	20	18	15	18	15
AV		26	24	21	30	24	23	20	22	20
ZN			24	22	30	25	23	20	23	21
RD				19	28	22	21	17	20	18
GF					27	20	18	14	17	15
BO						29	28	25	27	26
BE							21	18	21	19
MT								16	19	17
Verbal T.									16	12
Handl. T.										16

Kritische Differenzen zwischen den verschiedenen Untertests des HAWIE in (IQ-Einheiten) für die Gruppe der 30–34jährigen auf dem 5 %-Signifikanzniveau

	AV	ZN	RD	GF	BO	BE	MT	Verbal T.	Handl. T.	Gesamt
AW	20	21	14	15	21	19	17	11	14	12
AV		26	21	20	26	24	22	19	21	19
ZN			22	21	27	25	24	20	22	20
RD				14	22	20	18	13	18	14
GF					21	19	17	11	14	12
BO						25	24	20	22	21
BE							22	18	20	18
MT								16	18	16
Verbal T.									13	10
Handl. T.										14

Abb. 11 Kritische Differenzen zwischen den Untertests des HAWIE für verschiedene Altersgruppen
(aus: Kettel, K. J., 1968/69, S. 188–190)

4 *Mittelwerte und Standardabweichungen der Untertests*

Verbaltests

Alter	N	Allgemeines Wissen		Allgemeines Verständnis		Zahlennachsprechen		Rechnerisches Denken		Gemeinsamkeitenfinden	
		M	σ	M	σ	M	σ	M	σ	M	σ
10	150	3,75	1,28	3,67	2,05	7,75	2,24	6,18	1,83	4,45	1,51
11	150	4,14	1,51	5,10	2,27	8,05	1,98	6,56	1,92	5,05	1,81
12	150	5,36	2,03	5,95	2,59	8,80	2,29	7,49	2,59	6,13	2,19
13	150	6,14	2,32	6,29	2,68	8,97	2,20	7,51	2,08	6,29	2,28
14	150	6,72	2,40	7,19	2,76	9,18	2,46	7,93	2,67	6,91	2,74
15	150	7,00	2,27	8,12	2,32	8,92	2,29	8,13	2,24	7,61	2,86
16	100	7,76	2,43	8,77	2,84	9,72	2,13	8,70	2,55	7,88	2,67
17–19	143	8,13	2,89	9,16	3,05	9,78	2,78	9,34	2,80	8,75	3,21
20–24	151	9,34	3,19	9,60	3,18	10,03	2,96	9,91	3,23	9,89	3,33
25–29	126	10,64	2,69	10,32	2,64	10,30	2,68	10,13	2,71	10,40	2,85
30–34	93	10,27	3,03	10,29	3,20	9,75	3,14	9,86	3,18	9,91	3,01
35–39	117	10,50	3,00	9,88	3,06	10,13	2,94	10,23	2,77	9,81	2,99
40–44	75	10,21	3,34	10,04	3,50	9,89	2,97	9,67	3,35	9,52	3,18
45–49	59	9,73	3,32	9,51	3,45	9,09	2,44	9,39	3,11	9,27	3,32
50–54	41	9,66	3,13	9,56	2,93	9,02	3,01	9,51	2,49	9,10	3,25
55–59	26	8,81	3,33	8,50	3,41	8,12	3,40	8,69	3,18	8,89	3,14

Handlungstests

Alter	N	Bilderordnen		Bilderergänzen		Mosaik-Test		Figurenlegen		Zahlen-Symbol-Test	
		M	σ	M	σ	M	σ	M	σ	M	σ
10	150	6,73	2,58	4,53	2,49	5,75	2,32	6,79	3,70	5,25	1,49
11	150	7,19	2,73	5,72	2,72	6,30	2,33	8,04	3,21	6,03	1,66
12	150	7,94	2,67	6,64	2,77	7,03	2,71	8,07	3,38	6,42	1,69
13	150	7,89	2,76	7,11	3,03	7,51	3,01	8,43	3,22	7,18	2,05
14	150	8,07	2,81	7,91	3,09	8,42	2,87	8,48	3,16	7,85	1,93
15	150	8,85	2,76	7,90	3,12	8,64	2,76	9,19	3,12	8,12	2,07
16	100	9,29	2,87	9,70	2,47	9,24	2,44	9,65	3,09	9,34	2,23
17–19	143	9,28	2,92	9,13	2,85	9,53	3,06	9,48	3,22	8,96	2,86
20–24	151	9,58	2,90	9,76	3,22	10,08	3,08	9,79	3,22	9,80	3,09
25–29	126	10,06	2,61	10,40	2,84	10,40	2,95	10,25	2,50	10,59	3,01
30–34	93	9,95	2,93	10,33	2,84	9,39	2,84	9,82	3,03	9,43	2,95
35–39	117	9,81	2,67	10,80	2,67	10,03	2,87	9,99	2,83	9,51	2,73
40–44	75	8,93	2,71	9,63	3,41	9,53	3,22	9,47	3,49	8,93	3,18
45–49	59	9,34	2,04	9,75	2,96	8,95	3,06	9,31	2,99	8,12	2,92
50–54	41	9,42	2,87	9,15	2,87	8,49	3,05	9,39	2,95	7,46	2,77
55–59	26	8,44	3,63	8,32	3,66	8,24	3,23	8,60	3,25	7,54	2,94

Abb. 12 Mittelwerte der Untertests des HAWIE (in Wertpunkten) (aus: Testhandbuch HAWIE, Tab. 27 und 28)

5 *Angaben zu den verschiedenen Schultypen*

Schultyp	Gesamt-IQ		Verbal-IQ		Handlung-IQ	
	M	s	M	s	M	s
Sonderschule	71,7	13,1	72,8	10,5	76,6	17,1
Volksschule	98,1	12,6	97,7	12,0	100,3	13,4
Realschule	110,5	10,1	112,2	12,0	108,2	11,4
Gymnasium	117,4	11,7	118,3	12,3	111,7	11,5

Abb. 13 Mittelwerte und Standardabweichungen der einzelnen IQ-Werte bei den verschiedenen Schultypen

(aus: Priester & Kerekjarto, 1960)

Äquivalente Wertpunkte	Rohpunkte											Äquivalente Wertpunkte
	Allgemeines Wissen	Allgemeines Verständnis	Zahlennachsprechen	Rechnerisches Denken	Gemeinsamkeitenfinden	Wortschatz-Test	Zahlen-Symbol-Test	Bilderordnen	Bilderergänzen	Mosaik-Test	Figurenlegen	
0		0	0–3				0–2		0–3		0–5	0
1		1	4	0		0–4	3–6		4	0–1	6–7	1
2	0	2–3		1	0	5–9	7–10	0	5	2–4	8	2
3	1–2	4	5	2	1–2	10–15	11–15	1		5–7	9	3
4	3–4	5	6	3	3–4	16–20	16–19	2–3	6	8–10	10–11	4
5	5–6	6–7	7	4	5–6	21–26	20–23	4–5	7	11–12	12	5
6	7	8		5	7–8	27–32	24–27	6	8	13–15	13	6
7	8–9	9	8	6	9	33–37	28–31	7–8	9	16–18	14	7
8	10–11	10–11	9	7	10–11	38–43	32–35	9–10	10	19–21	15–16	8
9	12–13	12	10	8	12–13	44–48	36–39	11–12	11	22–23	17	9
10	14–15	13		9	14–15	49–54	40–43	13		24–26	18	10
11	16	14	11	10	16–17	55–60	44–47	14–15	12	27–29	19–20	11
12	17–18	15–16	12	11	18–19	61–65	48–51	16–17	13	30–32	21	12
13	19–20	17	13	12	20–21	66–71	52–55	18	14	33–34	22	13
14	21–22	18		13	22–23	72–77	56–59	19–20	15	35–37	23	14
15	23–24	19–20	14	14	24	78–82	60–63	21–22		38–40	24–25	15
16	25		15			83–84	64–67	23		41–42	26	16

Abb. 13a Wertpunkttabelle
(aus: Testhandbuch HAWIE, S. 220)

6 *Zur Syndromatik des HAWIE*

Im Testhandbuch werden verschiedene Profile für bestimmte klinische Gruppen angegeben, bei deren Verwendung zur Interpretation allerdings vorsichtig vorgegangen werden sollte.

A. Organische Gehirnerkrankungen

Allgemeines Wissen	+	
Allgemeines Verständnis	+	ausgenommen Paralytiker
Zahlennachsprechen ...	— —	besonders rückwärts
Rechnerisches Denken ..	—	
Gemeinsamkeitenfinden .	—	
Wortschatz-Test	+ +	
Zahlen-Symbol-Test	— —	
Bilderordnen	o	
Bilderergänzen	o	
Mosaik-Test	— — bis o	von der Art der Störung abhängig
Figurenlegen	o bis — —	von der Art der Störung abhängig

Verbalteil höher als Handlungsteil.

Intertestvariabilität: Läßt man 2 oder 3 Untertests unberücksichtigt, an denen der Prüfling vermutlich sehr schlecht abschneidet, so ist die Streuung der übrigen Tests klein.

B. Schizophrenie

Allgemeines Wissen	+ bis + +	
Allgemeines Verständnis	+ bis —	von der Art der Schizophrenie abhängig
Zahlennachsprechen ...	o bis +	
Rechnerisches Denken ..	o bis —	
Gemeinsamkeitenfinden .	+ bis — —	von der Art der Schizophrenie abhängig
Wortschatz-Test	+ +	
Zahlen-Symbol-Test	—	
Bilderordnen	— bis o	
Bilderergänzen	o bis — —	von der Art der Schizophrenie abhängig
Mosaik-Test	o bis +	
Figurenlegen	—	

Verbalteil im allgemeinen höher als Handlungsteil.

Summe von Bilderordnen und Allgemeinem Verständnis kleiner als Summe von Allgemeinem Wissen und Mosaik-Test.

Figurenlegen weit unter Mosaik-Test.

Sehr schlechtes Gemeinsamkeitenfinden zusammen mit hohem Allgemeinem Wissen und Wortschatz-Test ausgesprochen pathognomisch.

Intertestvariabilität groß; im allgemeinen bei den Untertests des Verbalteils größer als beim Handlungsteil.

C. Neurotiker

Allgemeines Wissen	+	
Allgemeines Verständnis	+	
Zahlennachsprechen ...	—	unbestimmt
Rechnerisches Denken ..	o bis —	

Abb. 14 Testcharakteristika weiterer klinischer Gruppen (aus: Handbuch zum HAWIE, Tab. 25)

Gemeinsamkeitenfinden .	+
Wortschatz-Test	+
Zahlen-Symbol-Test	—
Bilderordnen	—
Bilderergänzen	o
Mosaik-Test	o
Figurenlegen	—

Verbalteil im allgemeinen höher als Handlungsteil.

Summe von Bilderergänzen und Mosaik-Test im allgemeinen größer als Summe von Bilderordnen und Figurenlegen.

Intertestvariabilität: mittel; geringer als bei Psychose aber größer als bei Psychopathen oder Normalen.

D. Psychopathen (jugendliche)

Allgemeines Wissen	— bis — —
Allgemeines Verständnis	o bis —
Zahlennachsprechen ...	o bis —
Rechnerisches Denken ..	—
Gemeinsamkeitenfinden .	— bis o
Wortschatz-Test	o
Zahlen-Symbol-Test	o bis —
Bilderordnen	+ + bis +
Bilderergänzen	+ bis o
Mosaik-Test	+ bis o
Figurenlegen	+ + bis +

Handlungsteil im allgemeinen höher als Verbalteil.

Summe von Figurenlegen und Bilderordnen fast immer größer als Summe Mosaik-Test und Bilderergänzen.

Intertestvariabilität: verhältnismäßig begrenzt.

E. Schwachsinnige

Allgemeines Wissen	o bis —
Allgemeines Verständnis	+
Zahlennachsprechen ...	— bis o
Rechnerisches Denken ..	— —
Gemeinsamkeitenfinden .	o
Wortschatz-Test	+ +
Zahlen-Symbol-Test	— bis +
Bilderordnen	o
Bilderergänzen	— bis o
Mosaik-Test	o bis +
Figurenlegen	+

Handlungsteil im allgemeinen höher als Verbalteil.[1]

Intertestvariabilität: begrenzt.

Gemeinsamkeitenfinden und Mosaik-Test sind im allgemeinen durchschnittlich, manchmal etwas über dem Durchschnitt; hohe Ergebnisse sind nicht möglich.

[1] Dieses Ergebnis hat sich in der deutschen Standardisierung nicht bestätigt. Wie Tab. 22 zeigt, weisen die Schwachsinnigen höhere Punkte im Verbalteil auf (Anm. d. Übers.).

Literatur zum HAWIE

WECHSLER D., Der Hamburg-Wechsler-Intelligenz-Test für Erwachsene (deutsche Bearbeitung der Wechsler-Bellevue-Adult–Intelligence-Scale durch A. Hardesty und H. Lauber) Bern/Stuttgart 1964[3]

WECHSLER D., Die Messung der Intelligenz Erwachsener. Textband zum Hawie (Handanweisung). Bern/Stuttgart, 1964[3]

COHEN, J., A Factoranalytically Based Rationale for the Wechsler Adult Intelligence Scale. in: J. cons. Psychol , 21, 1957, S. 451–457
tionshilfen für den Hawie. in: Diagnostica, **15**, 1968/69, S. 186–204

KETTEL, K. J., Interpretationshilfen für den Hawie. in: Diagnostica, 15, 1968/69, S. 186–204

LIENERT, G. A., Belastung und Regression. Meisenheim /Glan, 1964

MICHL, L. & N. Mai, Zur varianzanalytischen Schätzung der Auswertungsobjektivität und eine empirische Untersuchung des Hawie. in: Psychol. Beitr., 6, 1969. S. 41–66

PRIESTER, H. J., Ein technischer Hinweis zur Darstellung des Testprofils zum Hamburg-Wechsler-Intelligenztest für Erwachsene. in: Z. diagn. Psychol. u. Persönlichkeitsforschung, 5, 1957

PRIESTER, H. J. & M. KEREKJARTO, Weitere Forschungsergebnisse zum Hawie und Hawik. in: Diagnostik, 6, 1960, S. 86–94

RIEGEL, R. M., Standardisierung des Hawie für die Altersstufen über 50 Jahre. in: Diagnostica, 5, 1959, S. 97–128

RIEGEL, R. M., Faktorenanalysen des Hawie für die Altersstufen 20–34, 35–49, 50–64 und älter. in: Diagnostica, **6**, 1960, S. 41–66

STEINHAGEN, K., Untersuchung zur Veränderung von faktoriellen Intelligenzstrukturen im Erwachsenenalter. in: Diagnostica, **16**, 1970. S. 149–164.

Standard Progressive Matrices (SPM)

PR Grade	Der Pb erreicht in diesem Verfahren, das sprachfreie intellektuelle Leistungsfähigkeit, besonders Beobachtungsvermögen und genaues schlußfolgerndes Denken bei fortschreitend schwieriger werdenen Aufgaben erfaßt, einen Wert, der einem Prozentsatz von . . . entspricht, d. h. daß nur etwa . . . % der Gleichaltrigen gleich gute oder bessere Leistungen vollbringen. Aufgrund dieses Ergebnisses kann angenommen werden, daß die intellektuelle Leistungsfähigkeit des Pb *weit über dem Durchschnitt liegt /* *über dem Durchschnitt liegt /* *gut im Durchschnitt liegt /* *noch im Durchschnitt liegt /* *unter dem Durchschnitt liegt /* *deutlich unter dem Durchschnitt liegt.*

Der Matrizentest von Raven wird meist als zusätzliches sprachfreies Intelligenzverfahren bei bestimmten Fragestellungen verwandt.

Die **Klassifikation der intellektuellen Leistungsfähigkeit** geschieht nach Grades und Percentilwerten:

Grade I im und über dem 95. Percentil	weit über dem Durchschnitt
Grade II im und über dem 75. Percentil	über dem Durchschnitt
Grade III 25. – 75. Percentil	im Durchschnitt
Grade IV unter dem 25. Percentil	unter dem Durchschnitt
Grade V unter dem 5. Percentil	deutlich unter dem Durchschnitt

Für die beiden Varianten Coloured Progressive Matrices (CPM) und Advanced Progressive Matrices (APM), die für Kinder von 5-10 Jahren bzw. zur Differenzierung zwischen Hochbegabten verwendet werden, kann analog zum obigen Text formuliert werden.

Literatur zum Raven

KRATZMEIER, H.: SPM. Standard Progressive Matirces. Deutsche Bearbeitung unter Mitarbeit von R. HORN, Weinheim 1987[2]

RAVEN, J. C., Standard Progressive Matrices. London, 1971[13]

BECKER, P., S. SCHALLER & A. SCHMIDTKE, CPM. Coloured Progressive Matrices. Deutsche Bearbeitung. Weinheim 1980[2]

BURKE, H. R., Ravens's Progressive Matrices. A Review and Critical Evaluation. in: J. Gen. Psychol., 93, 1958, S. 199–228

FOULDS, G. A. & J. C. RAVEN, An Experimental Survey with Progressive Matrices. in: Brit. J. Educ. Psychol., **20**, 1950, S. 104–110

GUTHKE, J., Untersuchungen mit den Progressiven Matrizen (Erwachsenenform) von Raven bei Schülern der 6. Klasse der allgemeinbildenden polytechnischen Oberschule. in: Prob. u. Erg. d. Psychol., **32**, 1970, S. 37–49

KRATZMEIER, H., APM. Advanced Progressive Matrices. Deutsche Bearbeitung unter Mitarbeit von R. Horn, Weinheim 1980

KURTH, E., Erhöhung der Leistungsreserve bei den Farbigen Progressiven Matrizen. in: Z. f. Psychol., **177**, 1970, S. 85–90

MÜLLER, R., Eine kritische Untersuchung des ‚Draw-a-Man Tests' und der Coloured Progressive Matrices. in: Diagnostica, **16**, 1970, S. 138–147

RAVEN, J. C., Standardization of Progressive Matrices. in: Brit. J. Med. Psychol., **19**, 1941, S. 137–150

SEEGER, E., Dominante Fehler im Test ‚Progressive Matrizen' bei großer Intelligenz. in: Diagnostica, **1**, 1955, S. 30–32

SINHA, U., A Study of the Reliability and Validity of the Progressive Matrices. in: Brit. J. Educ. Psychol., **21**, 1951, S. 238–239

WINKELMANN, W., Normen für den Mann-Zeichen Test von Ziler und die Coloured Progressive Matrices von Raven für 5–7jährige Kinder. in: Psychol. Beitr., **14**, 1972, S. 80–93

Figure Reasoning Test (FRT)

Standard Score	Dieses Verfahren mißt ‚Intelligenz', ohne daß der Pb sprachliches Material verarbeiten muß. Dabei wird die Fähigkeit geprüft, schwierige Probleme zu lösen, die in abstrakter, symbolischer Form dargestellt sind. Hierzu sind genaues Beobachtungsvermögen und schlußfolgerndes Denken erforderlich. Mit einem in diesem Verfahren erreichten IQ von ... liegt der *Pb im unteren / im / im oberen Durchschnittsbereich / deutlich unter / über dem Durchschnitt* seiner Altersgruppe. Lediglich ... % der Gleichaltrigen erbringen gleich gute oder bessere Leistungen.

Der Standard Score kann in der Praxis wie der IQ behandelt werden. Der FRT ähnelt in der Aufgabenstruktur stark dem Matrizentest von RAVEN, liegt aber auf einem etwas höheren Schwierigkeitsniveau. Er wird daher meist bei Gymnasiasten/Oberschülern als sprachfreies Verfahren angewendet.

Literatur zum FRT

DANIELS, J. C., The Figure Reasoning Test. London, 1962

Grundintelligenztest Skala 1 (CFT 1)

IQ	Dieses Verfahren bestimmt in altersadäquater Weise wesentliche Aspekte intelligenten Verhaltens, wobei Einflüsse des Milieus bzw. der regionalen und sozialen Herkunft sowie vorherige Lernerfahrungen insbesondere im verbalen Bereich soweit wie möglich eliminiert werden sollen. Dabei soll anhand von sprachfreiem, figuralem Material festgestellt werden, bis zu welchem Komplexitätsgrad das Kind bereits in der Lage ist, insbesondere nonverbale Problemstellungen zu erfassen und zu lösen. Mit einem in diesem Verfahren erreichten IQ von ... liegt der Pb *im unteren / im / im oberen Durchschnittsbereich / deutlich unter / deutlich über dem Durchschnitt* seiner Altersgruppe. Lediglich ... % der Gleichaltrigen erbringen gleich gute oder bessere Leistungen. Verglichen mit Schülern der gleichen Klassenstufe liegen die Leistungen des Pb in diesem Verfahren *im / unter / über* dem Durchschnitt.

Die Autoren geben einen Standardmeßfehler von 10 IQ-Punkten an.
Für das Verfahren stehen Klassennormen und Altersnormen zur Verfügung. Ergeben sich Diskrepanzen zwischen beiden, etwa weil das Kind für seine Klasse zu alt oder zu jung ist, empfiehlt es sich, sich bei der Interpretation der Testergebnisse primär auf die Altersnormen zu beziehen, da dies die eigenliche Vergleichsgruppe für die Leistungen ist. – Gerade im Zusammenhang mit Schullaufbahnberatungen oder Schulproblemen ist natürlich interessant, wie der Schüler von der Klassennorm in Relation zu seinem Alter abweicht, um die Testergebnisse sinnvoll interpretieren zu können.

Subtest 1 + 2 IQ	Hinsichtlich der Ausprägung des Wahrnehmungsumfangs und des Wahrnehmungstempos liegt der Pb mit einem Alters-IQ von ... *im / unter / über* dem Durchschnitt.
Subtests 3 + 4 + 5 IQ	Dagegen ist seine grundlegende Denkfähigkeit, also das beziehungsstiftende Denken sowie das Erkennen von Regelhaftigkeiten und Gesetzmäßigkeiten *unter- / überdurchschnittlich* ausgeprägt.

Bei großen Diskrepanzen zwischen den Subtests 1 + 2 einerseits und 3 + 4 + 5 andererseits (kritische Differenz mindestens 16 IQ-Punkte) sollten diese beiden Teile getrennt interpretiert werden.

Hinweise zur Genese solcher Differenzen gibt die Handanweisung auf S.20 f.

Literatur

WEISS, R. & J. OSTERLAND, Grundintelligenztest CFT 1 Skala 1. Braunschweig 1980[4]

Grundintelligenztest Skala 2 (CFT 20)

IQ	Dieses Verfahren mißt die ‚allgemeine intellektuelle Leistungsfähigkeit' im nichtverbalen Bereich. In Entgegensetzung zur Sammlung gelernter Kenntnisse erfaßt es die Fähigkeit, komplexe Beziehungen in neuartigen Situationen wahrnehmen und erfassen zu können. Mit einem in diesem Verfahren erreichten IQ von … liegt der Pb *im unteren / im / im oberen Durchschnittsbereich / deutlich unter / über dem Durchschnitt* seiner Altersgruppe. Lediglich … % der Gleichaltrigen erbringen gleich gute oder bessere Leistungen. Verglichen mit Schülern der gleichen Schulart liegen die Leistungen des Pb in diesem Verfahren *im / unter / über dem* Durchschnitt.

Als kritische Differenz gelten beim CFT 20 in der IQ-Skala rund 7 Punkte. Normalerweise ist der IQ des Gesamttestergebnisses Grundlage der Intelligenzbestimmung. Wenn aber größere Diskrepanzen zwischen den Ergebnissen von Teil 1 und Teil 2 bestehen (wobei die Leistung im Teil 2 signifikant über der des Teils 1 liegen muß), sollte die Bestimmung des IQ-Wertes aufgrund der im 2. Teil erzielten Rohwerte erfolgen. Allerdings gilt dann ein Standardmeßfehler von 9 IQ-Punkten.

Literatur zum CFT 20

WEISS R. H., Grundintelligenztest Skala 2 (CFT 20). Göttingen, 1987[3]

Aufmerksamkeits-Belastungs-Test (d2)

GZ	Die Leistungsmenge und das Arbeitstempo des Pb in intelligenzunabhängigen Leistungssituationen, bei denen es auf die Fähigkeit ankommt, ähnliche Kleindetails schnell und sicher in relativ kurzer Zeit zu unterscheiden, was einen beträchtlichen Teil der Konzentration und Aufmerksamkeit bei leichten Routineaufgaben ausmacht, liegt gemessen an seiner Altersnorm *über / im / unter dem* Durchschnitt.
PR	Dabei *wird er nur von . . . % / übertrifft er . . .* % der Gleichaltrigen (*übertroffen*).

Für die **Leistungsmenge** (GZ = Gesamtzahl der bearbeiteten Zeichen) stehen Normen für die Altersstufen von 9 bis 60 Jahre, gegliedert nach Geschlecht und Bildungsniveau, zur Verfügung.
Leistungen, die einem Prozentrang zwischen 25 und 75 entsprechen, sollten als Durchschnitt interpretiert werden.

SB	Dabei zeigt der Pb einen (*sehr*) *ausgeglichenen / schwankenden* Leistungsverlauf.
F %	Die Leistungsgüte, die sich in der Zahl der Fehler ausdrückt, ist *überdurchschnittlich / durchschnittlich / unterdurchschnittlich*, was auf *große / geringe* Fähigkeiten zur *Willensanstrengung / Ausdauer / Genauigkeit* schließen läßt.
GZ–F	Betrachtet man die quantitative und die qualitive Leistung des Pb im Zusammenhang, so sind Tempo und Genauigkeit in dieser Hinsicht als *überdurchschnittlich / durchschnittlich / unterdurchschnittlich* zu bezeichnen.
(Fehlerverteilung)	(Die Verteilung der Fehler spricht für einen *Übungseffekt / einen Ermüdungseffekt*.) Insgesamt kann gesagt werden, daß der Pb *sorgfältig und zügig arbeitet / durchschnittlich rasch und durchschnittlich genau dabei ist / wenig sorgfältig und wenig rasch / bei ihm die Leistungsmenge auf Kosten der Qualität geht / . . . u. ä.*

In der **Zusammenfassung** kann noch einmal das Verhältnis von Leistungsmenge und Leistungsgüte, wie es der Pb bei diesen kurzen Konzentrationsaufgaben zeigte, zur Sprache kommen.

Hinweise zur Interpretation des d2

1 *Zum Inhalt der einzelnen Werte*

GZ (Leistungsmenge)	Aktivität in Leistungssituationen, Tempo bei Routineaufgaben Hoher Prozentrang = hohe Leistung
F % (Leistungsgüte)	Genauigkeit der Arbeitsweise, Ausdauer Fehlerhaftigkeit der Arbeitsweise Hoher Prozentrang = wenig Fehler
GZ–F (Gesamttestwert)	Tempo und Genauigkeit bei Konzentrationsaufgaben geringer Schwierigkeit im Zusammenhang
SB (Schwankungsbreite)	Fluktuation der Arbeitsleistung Hoher Prozentrang = geringe Schwankungsbreite
Fehlerverteilung	Verlauf der Konzentration in kurzer Zeit Hypothesen: abnehmende Zahl — Übungseffekt steigende Zahl — Ermüdungseffekt

Die Fehlerverteilung sollte nur mit Vorsicht interpretiert werden, wie der Testautor nach eigenen Untersuchungen (Brickenkamp & Rump, 1966) auch die Interpretationsmöglichkeit des F %-Wertes und der Schwankungsbreite etwas eingeschränkt hat.

Außerdem ist das Ergebnis abhängig von der Gewöhnung an die Schriftzeichen: Legastheniker sind im Durchschnitt signifikant schlechter als schriftgewöhnte Kinder.

Literatur zum d2

BRICKENKAMP, R., **Aufmerksamkeits-Belastungs-Test (d2)** Göttingen, 1962[3] 1972[4], 1981[7]

BRICKENKAMP, R & G. RUMP, Die Stabilität des Aufmerksamkeits-Belastungs-Tests (d2) über längere Zeitabschnitte. in: Diagnostica, 12, 1966, S. 17–24

DINGEL, W., Mitteilungen über Zuverlässigkeitsaspekte des Tests d2. in: Diagnostica, 17, 1971, S. 84–87

HEINRICH H. Ch., Einige Bemerkungen zum d2-Durchstreich-Test nach Brickenkamp. in: Diagnostica, 19, 1973, S. 118–124

WIESE & KROJ, G., Untersuchung über den Zusammenhang zwischen Intelligenz (Wechsler) und Konzentrationsfähigkeit (Test d2 nach Brickenkamp). Z. exp. u. angew. Psychol. 19, 1972

Konzentrations-Leistungs-Test (KLT)

L	In diesem Verfahren, das die individuelle Konzentrationsfähigkeit sowie die Belastbarkeit und Ausdauer bei geistiger Tempoarbeit mißt, erreicht der Pb hinsichtlich der Leistungsmenge einen Standardwert von..., der bei Berücksichtigung der Meßgenauigkeit des Verfahrens mit 95% Wahrscheinlichkeit zwischen... und... liegt.
PR	Dieser Wert entspricht einem Prozentrang von . . ., d. h. (*nur*) . . . % der gleichaltrigen *Jungen / Mädchen / Frauen / Männer* erzielen gleich gute oder bessere Ergebnisse.
L	Nach diesem Ergebnis kann die Leistungsmenge, die der Pb erreichte, als *unterdurchschnittlich / durchschnittlich / überdurchschnittlich* bezeichnet werden.

Die Werte für die **Klassifizierung der Leistungsmenge**

Standardwert < 93	unterdurchschnittlich
Standardwert 93–107	durchschnittlich
Standardwert > 107	überdurchschnittlich

FQ	Das bedeutet, daß der Pb auf Konzentrationsaufgaben, die unter Zeitdruck bewältigt werden müssen, mit *hohem / durchschnittlich starken / geringem* Willensantrieb reagiert. Die Güte der Leistung liegt dabei insgesamt gesehen *über / im / unter dem* Durchschnitt der Vergleichsgruppe, was darauf schließen läßt, daß der Pb seine Arbeit *gut / angemessen / nur wenig* genau durchführt und kontrolliert.

Der Fehlerquotient, der sich aus F % : $\bar{F}$ % berechnet,

wobei $F\,\% = \frac{100 \text{ x Fehlerrohwert}}{\text{Rohwert der Leistungsmenge}}$ und $\bar{F}$ % gleich dem durchschnittlichen F % der entsprechenden Vergleichsgruppe in der Normentabelle (vgl. Handanweisung) ist,

kann bei	FQ $< 0{,}7$	als	überdurchschnittliche
	FQ 0,7 – 1,3	als	durchschnittliche
	FQ $> 1{,}3$	als	unterdurchschnittliche

Leistungsgüte interpretiert werden.

	Betrachtet man die erreichte Leistungsmenge im Verhältnis zur gezeigten Leistungsgüte, so läßt sich sagen, daß der Pb
LØ FQØ	durchschnittlich schnell und genau arbeitet. /
L + FQ –	rasch, sorgfältig und genau arbeitet. /
L + FQ +	zwar rasch arbeitet, hierbei aber nicht sehr genau ist. /
L – FQ –	nicht sehr schnell, dabei aber ausgesprochen genau arbeitet. /
L – FQ +	nicht sehr schnell und dabei auch recht ungenau arbeitet.

In der Zusammenfassung lassen sich **Leistungsgüte und Leistungsmenge im Zusammenhang** interpretieren, die verwendeten Symbole bedeuten dabei:

	L	FQ
ϕ durchschnittlich	93–107	0,7–1,3
+ überdurchschnittlich	> 107	> 1,3 viele Fehler
– unterdurchschnittlich	< 93	< 0,7 wenige

Literatur zum KLT

LIENERT, G. A. (Hrsg.), Der Konzentrations-Leistungs-Test. Göttingen, 1959

MARSCHNER, G., Zur Diagnostik eines hohen F % im K-L-T. in: Diagnostica, **6**, 1960, S. 66–72

SOMMER, G., Die Problematik der Erfassung von „Konzentration“ dargestellt am Beispiel des K-L-T. in: Diagnostica, **19**, 1973, S. 62–75

Konzentrations-Verlaufs-Test (KVT)

SW (Fehler-Zeit)	Der Pb erreicht in diesem Verfahren, das unabhängig von der Intelligenz die Qualität und Geschwindigkeit von Sorgfaltsleistungen zu messen versucht, einen Standardwert von . . ., der im Vergleich zu seinen Altersgefährten auf ein *überdurchschnittliches / durchschnittliches / unterdurchschnittliches* Maß an Tempo und Genauigkeit während der Erledigung von Sorgfaltsleistungen durch den Pb hinweist.
SW (Fehler)	Seine Leistungsgüte dabei ist *gut / mittel / schlecht* im Vergleich zu seiner Altersgruppe.
SW (Zeit)	Das Tempo bei dieser Art Aufgaben ist als *über/im unter* dem Durchschnitt liegend zu bezeichnen.
I (1 od. 2)	Die Zahl der Illusionsfehler läßt darauf schließen, daß der Pb in seiner Konzentration unsicher und inkonsistent ist.
I (3 od. 4)	Die Zahl der Illusionsfehler läßt darauf schließen, daß es sich beim Pb um einen neurotischen oder hysterischen Menschen handelt.
Fehler (1. Teil viel)	Bei einfachen Sorgfaltsleistungen zeigt der Pb Schwierigkeiten beim Anpassen und Anlaufen, er wirkt unbeholfen zu Beginn.
Fehler (2. Teil viel)	Bei einfachen Sorgfaltsleistungen zeigt der Pb leichte Ermüdbarkeit und geringes Durchhaltevermögen.

Hinweise zur Interpretation des KVT

Die Standardwerte für Zeit, Fehler und das Verhältnis von Zeit/Fehler sind nicht befriedigend normiert.

Die qualitative Interpretation der Illusionsfehler (I) ist nicht ausreichend empirisch gesichert und erscheint deshalb sehr spekulativ. Zudem wurde von Birke & Köhne Kritik am Testmaterial selbst geäußert.

Falls der Pb mehr als sechs Illusionsfehler hat, ist anzunehmen, daß er einen Teil des Arbeitsganges nicht oder nicht richtig verstanden hat, man sollte deshalb das Ergebnis nicht interpretieren.

Literatur zum KVT

ABELS, D., Konzentrations-Verlaufs-Test (KVT). Göttingen, 1961[2]

BIRKE, W. & H. KÖHNE, Zur Kritik des KVT (Abels). in: Diagnostica, 13 1967. S. 130–133

Berufs-Interessen-Test (BIT)

	Mit diesem Verfahren werden speziell berufliche Interessen erfaßt, es lassen sich also Aussagen über Interessensrichtungen und Schwerpunkte für eine spätere Berufsberatung gewinnen.
Max.	Was berufliche Tätigkeiten betrifft, so liegt das Hauptinteresse des Pb im Bereich . . .; hier zeigt er sich interessierter als . . . % der vergleichbaren Jugendlichen seines Alters.
>ϕ	Weitere Interessensschwerpunkte liegen *im / in den Bereich (en)*. . . ., in denen sein Interesse größer als das von . . . % der Gleichaltrigen.
<ϕ	Gegenüber den Bereichen . . ., zeigt der Pb sich im großen und ganzen desinteressiert; nur etwa . . . % der Gleichaltrigen zeigen weniger Interesse an . . . (entsprechend).
=ϕ	Wenn man seine Interessen mit denen der etwa gleichaltrigen Jugendlichen vergleicht, so zeigt er durchschnittlich ausgeprägte Interessen in . . . .

Anhand des Testprofils sollte man zuerst die **hauptsächlichen Interessensgebiete,** in denen er sich deutlich von den vergleichbaren Jugendlichen unterscheidet, herausstellen und ihnen die Gebiete gegenüberstellen, an denen er sich relativ uninteressiert zeigt. Schwach ausgeprägte Interessen liegen unter 25 %, durchschnittlich ausgeprägte zwischen 26 und 75 % und stark ausgeprägte Interessen über 76 %.

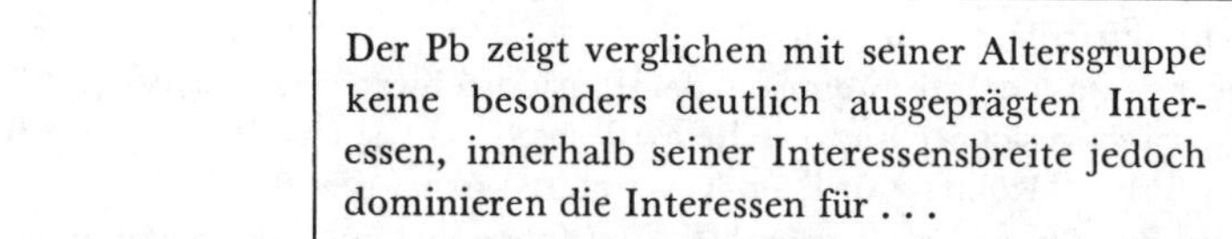

	Der Pb zeigt verglichen mit seiner Altersgruppe keine besonders deutlich ausgeprägten Interessen, innerhalb seiner Interessensbreite jedoch dominieren die Interessen für . . .

Falls der Proband **in keinem Interessensgebiet über dem Durchschnitt** seiner Vergleichsgruppe liegt, sollte der BIT entsprechend interpretiert werden, indem man das deutlich macht und seine Interessen untereinander vergleicht.

Hinweise zur Interpretation

1 *Interessensrichtungen des BIT*

1	Technisches Handwerk	TH
2	Gestaltendes Handwerk	GH
3	Technische und naturwissenschaftliche Berufe	TN
4	Ernährungshandwerk	EH
5	Land- und forstwirtschaftliche Berufe	LF
6	Kaufmännische Berufe	KB
7	Verwaltende Berufe	VB
8	Literarische und geisteswissenschaftliche Berufe	LG
9	Sozialpflege und Erziehung	SE

2 *Geschlechtsspezifische Unterschiede*

Bei der Interpretation sollte auf die geschlechtsrollenbedingten Unterschiede der Interessenausrichtung geachtet werden.
Eine Untersuchung von Kettel & Simmat (1968) weist auf die signifikanten Unterschiede hin, wie an folgendem Beispiel deutlich wird:

Alter	Jungen:Mädchen							
	Volksschule							
13	TH–	GH+	TN–	LF+	KB–		LG+	SE+
14	TH–	GH+	TN–	LF+			LG+	SE+
15	TH–	GH+	TN–				LG+	SE+
	Realschule							
15	TH–		TN–					SE+
16	TH–	GH+	TN–	LF+		VB–		SE+
	Gymnasium							
16	TH–	GH+	TN–	LF+	KB–	VB–	LG+	SE+
17/18	TH–	GH+	TN–	LF+	KB–		LG+	SE+

Abb. 15 Geschlechtsrollenspezifische Interessenunterschiede (signifikant auf dem 5 % Niveau)

Aufgrund des Alters dieser Untersuchung ist allerdings bei der Einbeziehung der angegebenen Resultate in die Interpretation einige Vorsicht geboten. Eine neuere Arbeit zur geschlechtsspezifischen Interessensausrichtung wäre sicherlich wünschenswert. Im Rahmen dieser Untersuchung werden auch BIT Altersnormen von 13–18 nach Schultyp und Geschlecht getrennt angegeben.

Literatur zum BIT

IRLE, M., Der Berufs-Interessen-Test (BIT). Göttingen, 1955, 1984[2]

KETTEL, K, J. & W. E. SIMMAT, Geschlecht, Alter und Bildung als Bedingung der Interessenausprägung. in: Diagnostica, 1968, S. 156– 173

Differentieller Interessen Test (DIT)

	Mit Hilfe dieses Verfahrens, das die Äußerungen des Pb in Bezug auf seine Vorlieben für bestimmte Tätigkeiten, Berufe, Bücher und Zeitschriften festhält, lassen sich Aussagen über die Interessensausrichtung des Pb machen.
Fall 1 (ausgeglichene Interessenstruktur)	Betrachtet man die Vorlieben und Abneigungen, die der Pb äußerte, im Zusammenhang, so kann man sagen, daß er im großen und ganzen über alle erfaßten Interessensbereiche hinweg eine *gleichmäßig / ausgeglichen hohe / niedrige Ausprägung* deutlich macht, bestimmte Schwerpunkte innerhalb seines Interessensbereiches lassen sich deshalb *nur schwer / kaum / nur tendenziell* im Bereich . . . ausmachen.

Diese Interpretation empfiehlt sich, wenn der Pb eine **ausgeglichene Ausprägung über alle Interessensgebiete** hinweg zeigt. Je nach der Stärke der Ausprägung kann man differenzieren:

allg. hoch	Dabei zeigte der Pb allgemein hohe Werte, was auf ein weites und stark ausgeprägtes Interessensspektrum hinweisen könnte.

bei allgemein hohen Werten

allg. niedrig	Hinsichtlich der erfaßten Gebiete zeigte sich der Pb als allgemein desinteressiert.

bei allgemein niedrigen Werten

allg. durchschnittl.	Generell zeigte der Pb eine eher gleichgültige, neutrale Haltung den berührten Interessensgebieten gegenüber.

bei allgemein durchschnittlichen Werten

	Seine *Vorlieben / Abneigungen* gegenüber Tätigkeiten und Berichten aus musischen, naturwissenschaftlichen, wirtschaftlich-sozialen und sportlich-unterhaltenden Bereichen sind gleichmäßig *stark / niedrig* ausgeprägt.

Fall 2 (differenzierte Interessensstruktur)	Betrachtet man die Vorlieben und Abneigungen, die der Pb äußerte, im Zusammenhang, so zeigte er in den berührten Interessensbereichen *deutlich / sehr / ausgesprochen* unterschiedliche Ausprägungen. Das läßt auf eine differenzierte Interessensstruktur schließen, wobei der Pb sich besonders stark für ... und ... interessierte, während er ... gegenüber eine mehr ablehnende Haltung einnimmt. Im Hinblick auf ... nimmt er eine eher gleichgültige oder neutrale Stellung ein. Seine jeweils geäußerten Vorlieben ließen sich zu einem recht stark ausgeprägten Interesse für den *musischen / naturwissenschaftlichen / wirtschaftlich-sozialen / sportlichen und unterhaltenden* Bereich allgemein zusammenfassen.

Falls der Proband diese **differenzierte Interessensstruktur** zeigt, sollten zuerst die Interessensschwerpunkte aufgeführt werden, denen man seine besonderen Abneigungen entgegenstellen kann. Anschließend lassen sich die Gebiete, denen er eine eher gleichgültige Haltung gegenüber einnimmt, anführen.
Eine mögliche integrierende Zusammenfassung einzelner Interessensbereiche sollte versucht werden.

Hinweise zur Interpretation des DIT

1 *Materialarten*

Die vom Autor verwendeten Materialarten zur Ermittlung der Interessensrichtungen sind:

- Tätigkeiten
- Berufe
- Bücher
- Zeitschriften

2 *Interessensrichtungen*

Mit jeder der vier Materialarten (Kurzform nur Tätigkeiten) werden folgende 13 Interessensrichtungen erfaßt:

1	Sozialpflege und Erziehung	SE
2	Politik	PW
3	Wirtschaft	VW (3 + 4)
4	Verwaltung	
5	Unterhaltung	UN
6	Technik	TN (6 + 7)
7	Exakte Naturwissenschaften	
8	Biologie	BI
9	Mathematik	MA
10	Musik	MU
11	Kunst	KU
12	Literatur und Sprache	LS
13	Sport	SR

3 *Zusammenfassung von Interessensbereichen*

Musisches Gebiet	KU, MU, LS
Naturwissenschaftliches Gebiet	BI, MA, TN
Wirtschaftliches und soziales Gebiet	PW, VW, SE
Sport und Unterhaltung	SR, UN

4 *Klassifizierung der Interessensausprägungen*

	Gesamt (alle Materialarbeiten ohne UN)	Gesamt UN	Tätigkeiten
sehr ungern	36	30	12
ungern	72	60	24
weder noch	108	90	36
gern	144	120	48
sehr gern	180	150	60

5 *Zur Abfolge der Interpretation*

1) Groborientierung nach Ausgeglichenheit oder Unausgeglichenheit der Interessensausprägung. Dementsprechende Interpretation des Profils (vgl. 1 und 2 im Befundmuster)
2) Interpretation der Stärke der Ausprägung bzw. Aufsuchen der Interessensschwerpunkte und starken Abneigungen
3) Soweit möglich integrierende Zusammenfassung der Interessensrichtungen.

6 *Zur Schul- und Bildungsberatung*

Da nur ein minimaler Zusammenhang zwischen Testausprägung und Schulnoten auf der einen Seite besteht und zweitens keine berufsspezifischen Interessenprofile vorliegen, erscheint es am angemessensten die Interpretation des DIT auf intraindividueller Basis vorzunehmen und nicht auf Vergleichsgruppen oder Schultypen zurückzugreifen.
Als Anhaltspunkt sollen hier trotzdem einige Standardwerte verschiedener Ausbildungsgruppen angegeben werden.

Literatur zum DIT

TODT, E., Der Differentielle Interessen Test (DIT). Bern–Stuttgart, 1967

Ausbildungsgruppe	N	Gesamtskalen											Materialskalen: Tätigkeiten										
		SE	PW	VW	UN	TN	BI	MA	MU	KU	LS	SR	SE	PW	VW	UN	TN	BI	MA	MU	KU	LS	SR
Realschüler (14–18 Jahre)*	50	96	95	97	105	102	98	99	94	98	92	104	97	95	99	103	101	97	99	95	97	93	102
Gymnasiasten (16–19 Jahre)*	50	97	98	98	103	103	96	100	96	98	100	102	98	100	99	102	103	98	101	96	97	99	102
Gymnasiasten (Sprachler, Unterprima)*	127	96	96	92	97	92	94	91	100	102	105	96	97	97	92	98	93	95	93	101	101	105	99
Gymnasiasten (Naturwiss., Unterprima)*	133	94	95	94	96	102	95	100	96	100	99	96	95	96	95	98	103	96	101	97	99	98	98
Wirtschaftsoberschüler und -gymnasiasten (16–19 Jahre)	50	94	103	103	101	98	93	98	98	99	99	100	93	102	98	102	100	95	100	98	99	99	100
Studenten einer Ing.-Schule (Elektrotechnik, 2. und 3. Semester)	50	–	–	–	–	–	–	–	–	–	–	–	97	96	95	91	106	97	103	97	95	94	78
Studenten eines pädagogischen Fachinstituts (16–23 Jahre)*	37	107	99	96	101	102	100	100	101	109	101	107	106	100	97	102	103	101	100	101	109	101	106
Studenten der Psychologie (19–29 Jahre)*	42	104	95	90	97	94	97	94	105	109	109	95	101	95	88	98	94	98	95	106	107	103	99
Revierförster (kurz nach Abschluß der Ausbildung)**	61	102	99	97	98	98	112	98	98	97	97	102	102	100	98	99	98	112	99	100	97	96	103
Verwaltungsinspektoren (kurz nach Abschluß der Ausbildung)**	69	101	105	101	99	98	100	97	101	99	102	101	100	106	99	101	98	100	99	102	97	101	101

* Diese Pbn-Gruppen sind in der Normierungsstichprobe enthalten.
** Herrn Dipl.-Psych. K. Althoff bin ich für die Überlassung dieser Ergebnisse zu Dank verpflichtet.

Abb. 16 Standardwerte der mittleren Skalenwerte mehrerer Ausbildungsgruppen (Normen der Gesamtgruppe männl. Pbn) (aus: Handbuch zum DIT, S. 40)

Mannheimer Biographisches Inventar (MBI)

U1	Der Pb schildert seine Eltern und die familiäre Situation für ihn *positiv und fördernd / für ihn negativ und hemmend.*
U2	Er schildert sich in seinen Lebensgewohnheiten und in der Entwicklung von Interessen als eher *selbständig und eigenständig / als eher unselbständig und nicht eigenständig.*
U3	Sein Kontaktverhalten schätzt der Pb *als aktives Zugehen / als passives Abwarten* ein. Er meint, daß er von anderen *anerkannt wird / nicht akzeptiert wird* und daß er persönlich bei anderen *einigen / keinen Einfluß* besitzt.
U4	Von seiner Begabung und seinen Schulleistungen meint er, daß sie *überdurchschnittlich / unterdurchschnittlich* seien. Er *glaubt / glaubt nicht,* daß seine Klasse und die Schule ihn anspornen und zu höheren Leistungen bringen.
U5	Seine Lernorganisation und seine Lerngewohnheiten schätzt er *positiv und fördernd / negativ und eher hinderlich* ein.
U6	Der Pb meint, daß er im Vergleich zu anderen *eher überdurchschnittlich / eher unterdurchschnittlich* ist, was Kreativität und Produktivität angeht. *Er glaubt / er glaubt wenig,* daß er über Originalität und Einfallsreichtum verfügt.
U7	Der Pb hält sich für *ausdauernd und selbstsicher / wenig ausdauernd und ohne viel Selbstsicherheit.. Er glaubt / glaubt nicht,* daß er sich ausreichend durchsetzen kann.
U8	Er schätzt sich *als leistungsmotiviert und ehrgeizig / wenig stark zu Leistungen motiviert und wenig ehrgeizig* ein.

U9	Der Pb schildert sich selbst als jemand, der mit Streß, beängstigenden Situationen und Frustrationen *recht gut* / *nur schlecht* fertig wird.
U10	Sich selbst schildert der Pb als *selbstsicher, zielstrebig, erfolgreich, zufrieden mit sich und den Anforderungen gewachsen* / *wenig selbstsicher und zielstrebig, als erfolglos, unzufrieden mit sich und den meisten Anforderungen nicht gewachsen.*
U11	Er hält sich für *gesund und körperlich fit* / *krank und körperlich nicht mehr fit.*
Ges.	Insgesamt zeigt der Pb *viel Anregbarkeit und Aufgeschlossenheit* / *wenig Anregbarkeit und Aufgeschlossenheit.*

Hinweise zur Interpretation des MBI

1 Die ersten Formulierungen gelten jeweils für erzielte **SN (Stanine-Werte)** $\geqslant 7$, die zweiten nach dem Schrägstrich für solche unter oder gleich 3. Werte dazwischen sollten nicht interpretiert werden. Der Gesamtwert muß nicht interpretiert werden.

2 *Die einzelnen Kategorien*

- U1 Familiensituation
- U2 Lebensgewohnheiten und Entwicklung von Interessen
- U3 Kontaktverhalten und soziale Aktivitäten
- U4 Schulische Situation
- U5 Arbeitsverhalten
- U6 Kreatives Verhalten
- U7 Durchsetzungsvermögen
- U8 Leistungsmotivation
- U9 Verhalten bei Streß, Frustrationen, Ängstlichkeit
- U10 Einschätzung der eigenen Person
- U11 Gesundheit und körperliches Befinden

3 Von den Verfassern angeführte Validierungsuntersuchungen ergeben Korrelationen zu einigen aus Testverfahren bestehenden Validierungskriterien, aus denen **Trends und Tendenzen** erschlossen werden, die für die Interpretation eine nicht unbedeutende Rolle spielen können. Die entsprechenden Angaben finden sich in der Handanweisung des MBI auf den Seiten 22–25.

Ges.	U_1	U_2	U_3	U_4	U_5	U_6	U_7	U_8	U_9	U_{10}	U_{11}	
	.36	.28	.59	.59	.55	.26	,52	.24	.37	.52	.45	Ges.
	–	–.02	.17	.14	.14	.03	.09	.02	.04	.07	.10	U_1
		–	–.07	.11	.04	.00	.14	.18	.02	.05	.03	U_2
			–	.34	.23	.11	.24	–.06	.10	.24	.17	U_3
				–	.30	.04	.24	.05	.16	.29	.24	U_4
					–	.04	.21	–.02	.21	.21	.18	U_5
						–	.06	–.08	.01	.04	.06	U_6
							–	.06	.11	.24	.13	U_7
								–	–.06	.04	–.04	U_8
									–	.19	.18	U_9
										–	.17	U_{10}
											–	U_{11}

Abb. 16a, Interkorrelation zwischen Subtests und Gesamttest (aus: Handanweisung, S. 32)

Literatur zum MBI

JÄGER, R. / E. BERBIG / B. GEISEL / H. GOSSLAR / J. HAGEN / W. LIEBICH / R. SCHAFHEUTLE: Mannheimer Biographisches Inventar (MBI), Göttingen 1973

BERBIG, E., Validierung des Mannheimer Biographischen Inventars. Unveröffentlichte Diplomarbeit, Mannheim, 1973

GEISEL, B., Faktorenstruktur des Mannheimer Biographischen Inventars. Unveröff. Diplomarbeit, Mannheim, 1973

GOSSLAR, H., Reliabilitätsuntersuchungen zum Mannheimer Biographischen Inventar. Unveröff. Diplomarbeit, Mannheim, 1973

SCHAFHEUTLE, R., Konstruktion des Mannheimer Biographischen Inventars. Unveröff. Diplomarbeit, Mannheim, 1973

Problemfragebogen für Jugendliche

Total PR	Betrachtet man die Aussagen des Pb in diesem Verfahren, das seine Stellung zu den verschiedensten für Jugendliche bedeutsamen Lebensbereichen erfaßt, so scheint
PR ⩾ 75 PR ⩽ 25 PR 25–75	*er mehr Sorgen und Probleme zu haben als / allgemein weniger Sorgen zu haben als / allgemein gesehen nicht mehr und nicht weniger Sorgen zu haben als /* die meisten seiner Altersgefährten. *Lediglich / immerhin. . .* % der gleichaltrigen *Jungen / Mädchen* machen sich mehr Sorgen als er.

Entsprechend der **Interpretation des Gesamtwertes,** der das Ausmaß an Sorgen und Problemen des Probanden allgemein ausdrückt, werden die **einzelnen Bereiche,** die erfaßt werden, behandelt:

1	Was die Schule betrifft, so scheint sich der Pb darüber *mehr / weniger / nicht mehr oder weniger* Gedanken und Sorgen zu machen als andere seines Alters.
2	Über die Zeit nach der *Schule / Lehre* scheint sich der Pb . . .
3	Über sich selbst, scheint die Meinung des Pb *eher von Selbstsicherheit / eher von Zweifeln* geprägt zu sein.
4	Bezüglich des Verhältnisses zu seinen Klassenkameraden und zu Erwachsenen scheint sich der Pb *mehr / weniger. . .*
5	Über Eltern und Geschwister, das Familienleben allgemein, ist die Ansicht des Pb *mehr / weniger / nicht mehr oder weniger* von Sorgen und Problemen bestimmt als die der meisten Gleichaltrigen.
6	Im Verhältnis zum anderen Geschlecht scheint der Pb sich *mehr / weniger / nicht mehr oder*

	weniger...
7	Im Bereich der Gesundheit fühlt sich der Pb *mehr / weniger / nicht mehr oder weniger* als seine Altersgefährten durch tatsächliche / nur befürchtete / nur eingebildete Krankheiten behindert.
8	Was Fragen des gesellschaftlichen und kulturellen Lebens allgemein angeht, so scheint sich der Pb *mehr / weniger / nicht mehr und nicht weniger* Sorgen und Probleme zu machen als gleichaltrige *Jungen / Mädchen,.* Lediglich ... % seiner Altersgefährten beschäftigen solche Probleme mehr.

Bei der Interpretation der einzelnen Bereiche sollten zunächst die Extremwerte besprochen werden, bevor man noch kurz auf die Gebiete eingeht, in denen sich das Ausmaß der Sorgen des Probanden nicht wesentlich vom Durchschnitt seiner Altersgefährten unterscheidet.

Hinweise zur Interpretation

1 Die Aussagen in diesem Fragebogen geben lediglich Auskunft darüber, ob sich der Proband weniger oder stärker mit den einzelnen Problembereichen beschäftigt im Vergleich zu den altersmäßig vergleichbaren Jungen oder Mädchen.

2 Inwieweit die generell zu einem Problembereich ermittelten Sorgen, Fragen und Wünsche durch spezielle Probleme innerhalb dieser Dimension bestimmt sind, läßt sich zwar nach Ansicht der Testautoren aus den Einstufungen der Antworten zu den Einzelitems ermitteln, erscheint aber für eine differentielle Interpretation nicht ausreichend abgesichert zu sein.

3 Die Standardisierung wurde für 14–19 jährige Berufschüler vorgenommen.
Für Gymnasiasten liegen keine Altersnormen vor, deshalb lassen sich auch nur schlecht Aussagen über das Ausmaß der Sorgen und Probleme im Vergleich zu Jugendlichen der gleichen Bildungsstufe machen.

4 *Zur Konkretisierung der einzelnen Problembereiche*

1 meine Schule (40)	allgemeine Schulprobleme; schwere, abgelehnte und bevorzugte Schulfächer; Einschätzung der persönlichen Leistungsfähigkeit

2 nach meiner Schulzeit (42)	vor dem endgültigen Übertritt ins Berufsleben; berufliche Eignung und Interessen, Berufswahl
3 über mich selbst (43)	Selbstsicherheit, Selbstvertrauen, Zweifel; (Gefühle der Angst, des persönlichen Ungenügens) Einschätzung des körperlichen Erscheinungsbilds
4 ich und die anderen (46)	Verhältnis zu Klassenkameraden und Erwachsenen, Gefühle bei sozialem Kontakt (Ablehnung oder Anerkennung)
5 zu Hause (43)	Verhältnis zu Eltern und Geschwistern, Erziehungsstil; Wohnverhältnisse; Familienleben
6 Jungen und Mädchen (43)	Aufklärung; Verhaltensformen gegenüber dem anderen Geschlecht; geschlechtliche Entwicklungsprobleme
7 Gesundheit (26)	fühlt sich der Pb durch tatsächliche oder nur befürchtete Krankheiten behindert; seelisches und soziales Wohlbefinden
8 allgemeines (35)	Fragen des gesellschaftlichen und kulturellen Lebens; weltanschauliche, religiöse und politische Probleme

Literatur

ROTH, H., F. SÜLLWOLD & M. BERG, Problemfragebogen für Jugendliche (deutsche Bearbeitung des Youth Inventory nach Remers & Shimberg) Göttingen, 1967

Kinder-Angst-Test (KAT)

SN	Dieses Verfahren versucht den Grad der Angstbereitschaft des Kindes zu erfassen, die hauptsächlich auf dem Druck von Bedürfnissen und auf inneren Spannungen und Konflikten beruhen dürfte. Der Pb erzielte dabei einen Wert von . . ., der umgerechnet einem Stanine-Wert von . . ., das bedeutet, daß der Pb im Bezug auf seine allgemeine Ängstlichkeit im Vergleich zu seinen Altersgefährten als *wenig / durchschnittlich / überdurchschnittlich* ängstlich einzustufen wäre.
SN 1–3	Er schildert sich als weniger ängstlich als der Durchschnitt seiner Altersgruppe, gibt an, sich wenig Sorgen zu machen über sich, seine Zukunft und seine Umwelt. Es ist anzunehmen, daß er psychischen Belastungen angemessen begegnen kann.
SN 4–6	Er schildert sich im Vergleich zu seiner Altersgruppe als durchschnittlich ängstlich. Dabei gibt er an, augenblicklich für sich keine besonderen psychischen Probleme zu sehen, die ihn in seiner Motivation und Lernbereitschaft stärker belasten könnten.
SN 7–9	Er schildert sich im Vergleich zu seiner Altersgruppe als ausgesprochen ängstlich. Er glaubt, daß er unter stärkerer psychischer Belastung als andere steht, besonders dann, wenn er vor Aufgaben steht, bei denen er seine Selbstsicherheit und sein Selbstwertgefühl gefährdet sieht. Seine Leistungen sind nur schwer vorauszusagen, weil sie nicht zuletzt davon abhängen, wie gut er unter den jeweiligen Umständen in der Lage ist mit seiner Ängstlichkeit fertig zu werden.

Hinweise zur Interpretation

1 Das Verfahren versucht aus der Selbstschilderung des Pb (Kinder und Jugendliche von 9 bis 16 Jahre) **allgemeine Ängstlichkeit im Sinne von ‚nervöser Anspannung'** zu erfassen.

2 Die **Umwandlung der Punktwerte** (Anzahl der Ja-Antworten) in Stanine-Werte:

Punktwerte	Stanine-Werte	
0 – 5	1 – 3	wenig ängstlich
6 – 11	4 – 6	durchschnittlich ängstlich
12 – 19	7 – 9	besonders ängstlich

3 *Hypothesen für die Schulberatung*
Bei wenig änstlichen Kindern lassen sich im Fall einer positiven Einstellung zur Schule Hypothesen für Schulerfolge in der Richtung von guten Leistungen bei motivierendem Unterricht und Langeweile bei monotonen Aufgaben aufstellen; entsprechend bei einer negativen Einstellung zur Schule lassen sich Verhaltensprobleme und im Vergleich zur möglichen eine eher schlechte Leistung erwarten.
Durchschnittlich ängstliche Kinder lassen keine Probleme erkennen, die auf Angstlichkeit zurückzuführen sind. Diese Pb sind meist gut motivierbar und lernwillig, da bei ihnen keine größeren psychischen Belastungen vorhanden zu sein scheinen, die hinderlich wären.
Besonders ängstliche Kinder sehen sich unter starken hinderlichen Belastungen und überdurchschnittlich oft gefährdet, so daß die Leistungen als recht schwankend zu erwarten sind. Sie sind stark von den jeweiligen Umständen abhängend.

Literatur:

THURNER, F. & U. TEWES, Kinder-Angst-Test (KAT). Göttingen, 1969, 1975[3]

HÖGER, D., Der Kinder-Angst-Test (K–A–T), ein Fragebogen zur Erfassung des Ängstlichkeitsgrades von Kindern ab 9 Jahren. in: Diagnostica, **16**, 1970, S. 102

THURNER, F., Ängstlichkeit, eine Persönlichkeitsvariable und ihre Auswirkungen. in: Psychol. Rdsch. **21**,1970, S. 187

Persönlichkeits-Interessen-Test (PIT)

A	In diesem Verfahren, das versucht einen Einblick in die Persönlichkeits- und Interessenstruktur des Pb zu gewähren, indem Selbstschilderungen und Stellungnahmen zu vorgegebenen Aussagen aufgenommen werden, zeigte sich, daß der Pb im Vergleich zur übrigen Bevölkerung *sehr gut / nur durchschnittlich / nur sehr wenig* in der Lage ist, sich selbst und seine Denk- und Verhaltensweisen ehrlich und kritisch zu beurteilen. Seine Selbstschilderung läßt *recht genaue Rückschlüsse auf sein tatsächliches Verhalten zu /Rückschlüsse auf sein tatsächliches Verhalten scheinen gerechtfertigt zu sein / er zeigt nur geringe Bereitschaft zu ehrlichen Antworten, so daß Rückschlüsse auf sein tatsächliches Verhalten kaum möglich sind.*
A ⩽ PR 25	Die Verwertbarkeit der Ergebnisse muß in Frage gestellt werden, da der Pb sich entweder anders darstellen wollte, als er selbst ist oder nicht über genügend Selbstkritik verfügt.

Von der Ausprägung der Dimension A (**Selbstkritik vs. mangelnde Selbstkritik**) hängt die weitere Interpretation der Subskalen ab; sie ist deshalb als erste zu interpretieren, bevor die Dimensionen B bis 0 (**Persönlichkeitsskalen**) behandelt werden.

B > 75	Die soziale Einstellung des Pb zu seinen Mitmenschen scheint positiv geprägt zu sein, so daß er seine auf Erfahrungen und Einsicht beruhenden Verhaltensweisen im sozialen Bereich gut und angemessen einsetzen kann.
B < 25	Die soziale Einstellung des Pb seinen Mitmenschen gegenüber scheint recht negativ ausgeprägt zu sein. Aufgrund seiner diesbezüglichen Erfahrungen und Überzeugungen verhält er sich wenig angepaßt im Kontakt zu seiner Umwelt.

$B = \phi$ $C = \phi$	Im sozialen Umgang mit anderen, auch ihm nicht so vertrauten Menschen ist er im normalen Maß in der Lage, sowohl emotional als auch rational adäquat auf sie einzugehen. Seine sozialen Beziehungen scheinen durch keine allzu großen Konflikte belastet zu sein.
$C > 75$ $C < 25$	Seine eher gefühlsmäßigen Reaktionen weisen auf eine mehr aktive Zuwendung zur Umwelt und zu seinen Mitmenschen hin. In seinen eher gefühlsmäßigen Reaktionen kapselt er sich von seiner Umwelt und seinen Mitmenschen ab, ist eher passiv und abwartend.
	Die Werte aus den Skalen, die klinische Merkmale der Persönlichkeit erfassen sollen, ergeben folgendes Bild des Pb:
$D < 25$	Er neigt *etwas / leicht* zu verunsicherten Reaktionen und zur Ausbildung von Symptomen der Irritierbarkeit und innerer Konflikte, deren weitere Verfestigung und damit tendenziell neurotische Entwicklung u. U. angenommen werden kann.
$I \geqslant 25$ $I < 25$	Der Pb ist in einem als durchschnittlich zu bezeichnenden Maße psychisch belastbar, d.h. bei Spannungszuständen und Konfliktsituationen treten kaum oder überhaupt nicht nachhaltige körperliche Reaktionen auf. Der Pb beschreibt, daß psychische Spannungszustände und Konfliktsituationen bei ihm häufiger und nachhaltiger körperlicher Veränderungen hervorrufen, als es beim Durchschnitt der Bevölkerung der Fall ist.
$E \geqslant 25$	Für deutliche Selbstüberschätzung, grundlose euphorische Stimmungsausbrüche und Überaktivitäten lassen sich in der Schilderung des Pb keine Hinweise finden.

E < 25	Der Pb scheint zu besonders heiterer und ausgelassener Stimmung zu tendieren, was verbunden mit erhöhter motorischer Aktivität zu Verlust des Realitätsbezugs und teilweiser Selbstüberschätzung führen kann.
F ⩾ 25	Er schildert sich selbst als im normalen Maß verstimmt oder deprimiert, selten niedergeschlagen oder hoffnungslos.
F < 25	Belastungssituationen führen beim Pb leicht zu Niedergeschlagenheit, Gefühlen der Unzulänglichkeit und Mutlosigkeit. In einer solchen Lage zeigt er wenig Optimismus für die Zukunft.
G < 25	Der Pb neigt dazu, sich aus der Wirklichkeit zurückzuziehen und sich eine Scheinwelt aufzubauen. Wahrnehmung der Realität und Denkweise auf der einen Seite und die objektiven Gegebenheiten auf der anderen können auseinanderklaffen.
H ⩾ 25	Der Pb läßt sich *nur wenig / selten* von anderen verunsichern.
H < 25	Er fühlt sich von anderen bedroht und läßt sich leicht von ihnen verunsichern. Dabei ist er besonders argwöhnisch und überempfindlich, bezieht neutrale Vorgänge in seiner Umwelt als gegen ihn gerichtet auf sich.

Normal sind 0 bis 2 ‚entweder-oder-Antworten' (? -Antworten) pro Dimension. Sollte der Pb mehr aufweisen, so kann er in dieser Hinsicht als etwas unsicher und wenig entscheidungsfreudig betrachtet werden; das sollte bei der Interpretation der jeweiligen Skala berücksichtigt werden.
Bei den meisten Dimensionen werden auffallende und durchschnittliche Ausprägung interpretiert (außer D und G im und über dem Normbereich)

Ein PR 25–75	entspricht einer normalen Ausprägung
PR < 25	entspricht einer deutlichen Tendenz in Richtung des 2. Pols der Dimension
PR > 75	entspricht einer deutlichen Tendenz in Richtung des 1. Pols der Dimension

PR < 5 entspricht einer extremen Ausprägung in Richtung des 2. Pols

PR > 95 entspricht einer extremen Ausprägung in Richtung des 1. Pols

	Betrachtet man die Interessen des Pb, so ist ihre *geringe / große Breite* auffallend. Sein Hauptinteresse liegt im Bereich ... Nur ... % der gleichaltrigen Jugendlichen sind hieran stärker als er interessiert. Weitere Interessensschwerpunkte zeigt er in ... und ... Dagegen ist er gegenüber ... und ... weitgehend uninteressiert .... % der Jugendlichen zeigen darin mehr Interesse als er.

Im **Interessenteil** ist die normale Anzahl von ? -Antworten zwischen 3 und 12. Werden beim Probanden mehr als 12 „Entweder-oder-Antworten" ermittelt, so ist nur eine intraindividuelle Interpretation der Interessen untereinander möglich, kein Bezug zu den Normgruppen. In den Skalen O bis W entspricht ein

PR 25 einer niedrigen Ausprägung dieses Interesses

PR 75 einer hohen Ausprägung dieses Interesses.

Liegen **alle Interessen im Rahmen der Norm** (PR zwischen 25 und 75), so sollte man die Interessen des Pb untereinander vergleichen:

	Der Pb zeigt, verglichen mit seinen Altersgefährten, keine besonders stark ausgeprägten Interessen oder Abneigungen gegen bestimmte Betätigungen. Vergleicht man aber die Interessen untereinander, so dominiert hier das Interesse für .... Der Beruf eines ... würde dem Pb aufgrund seiner Interessenschilderung wohl am ehesten zusagen.

Hinweise zur Interpretation

1 *Zum Inhalt der Skalen*

1) Persönlichkeitsteil — Pol 1 / Pol 2

A	Selbstkritik vs. mangelnde Selbstkritik
B	soziale Einstellung vs. unsoziale Einstellung
C	Extraversion vs. Introversion
D	nicht neurotisch vs. neurotisch
E	manisch vs. nicht manisch
F	nicht depressiv vs. depressiv
G	nicht schizoid vs. schizoid
H	nicht paranoid vs. paranoid
I	vegatativ stabil vs. vegatativ labil

2) Interessenteil

O	Landleben vs. Stadtleben (Bereitschaft des Pb seinen Beruf in der Stadt bzw. auf dem Land auszuüben)
P	handwerklich (Berufe in denen das Hauptgewicht auf mechanisch-manueller Tätigkeit liegt)
Q	wissenschaftlich (mehr dauerndes Interesse für wissenschaftliche Tätigkeit, Systematisierung, empirisches Forschen)
R	Verrechnung, Verwaltung (Tätigkeiten wie Organisation, Buchhaltung, Karteiführung, Verwaltung, Kanzleiarbeit)
S	Umgang mit Menschen im Geschäft und Wirtschaft (Tätigkeiten wie Kundendienst, persönlicher Geschäftsverkehr, Verhandlungen)
T	bildende Kunst (Berufe, die vorhandenen künstlerischen Neigungen entgegenkommen)
U	sprachlich-literarisch (schriftstellerisch-literarische, journalistische Berufe)
V	musikalisch (Ausübung von Musik, Gesang oder Komponieren)
W	Erziehung und Fürsorge (Tätigkeiten, bei denen Verständnis für den Menschen wichtig ist, Nächstenliebe, Geduld)

Abb. 17 (aus: Handanweisung, S. 17)

Berufsliste

P = Handwerklich

	Mechaniker aller Art, Schlosser, Elektriker, Fabrikarbeiter, Schuster ...
P–Q	Flugzeug- und Schiffsführer, chemische Arbeiter, Ingenieure, Dentisten, Bodenkultur (Geflügelfarmer usw.), Optiker ...
P–R	Technische Angestellte, Funker, Sortier- und sonstige Büromaschinenarbeiter ...
P–S	Geschäftsleute in technischen Artikeln und Metallwaren, Vorarbeiter in der Erzeugung technischer Artikel ...
P–T	Dekorateur, Schneider, Kunstgewerbe ...
P–U	Drucker, Redaktionsgehilfe ...
P–V	Instrumentenmacher, Tontechniker ...
P–W	Gewerbeschullehrer, Unfallverhütungstechniker ...

Q = Wissenschaftlich

Q	Physiker, Biologe, Mediziner, Chemiker ...
Q–R	Statistiker, Wirtschaftswissenschaftler, Astronom, Zeitstudieningenieur, Programmierer ...
Q–S	Kriminalist, Apotheker, Drogist, Verkauf in wissenschaftlichen Geräten ...
Q–T	Chirurg, Kulturingenieur, Förster ...
Q–U	Verlagswesen, Kultur- und wissenschaftlicher Schriftleiter ...
Q–V	Toningenieur, Musiktheoretiker ...
Q–W	Psychiater, Psychologe, praktischer Arzt, Sozialarbeiter, Oberschullehrer ...

R = Verrechnung, Verwaltung

R	Buchhalter, Verrechnungsbeamter, Statistiker, Postbeamter, Stenotypist ...
R–S	Prokurist, Kassier, Schalterdienst, Telephonvermittlung ...
R–T	Kunsthandel, Kartograph ...
R–U	Bibliothekar, Korrespondent, Wirtschaftsredakteur ...
R–V	Musikverlagswesen ...
R–W	Handelsschullehrer, Fürsorgeverwaltung, Verwaltung im Unterricht ...

S – Umgang mit Menschen im Geschäft und Wirtschaft

S	Verkäufer, Versicherungsagent, Polizist, Geschäftsreisender, Diplomat ...
S–T	Werbung, Kunsthandel, Friseur ...
S–U	Rechtsanwalt, Journalist, Fernseh- oder Radioreporter ...
S–V	Musikagent, Kapellmeister ...
S–W	Pfarrer, Berufsberater ...

T = Bildende Kunst

T	Zeichner, Maler, Bildhauer, Kunstgärtner, Architekt, Dekorateur, Modezeichner ...
T–U	Kunstverlag, Kunstberichterstattung ...
T–V	Tänzer, Geigenmacher ...
T–W	Kunsterzieher, Kunstgewerbelehrer ...

U = Sprachlich, literarisch

U	Schauspieler, Schriftsteller, Reporter, Zeitungs- und Verlagswesen ...
U–V	Opern- und Operettensänger, Musikkritiker ...
U–W	Sprachlehrer, Geschichtslehrer ...

V = Musikalisch

V	Musiker, Komponist, Sänger ...
V–W	Musiklehrer ...

W = Soziale Berufe

W	Lehrer, Erzieher, Krankenpfleger ...

Alle genannten Berufe kommen selbstverständlich auch für Mädchen und Frauen in Frage. Die Verwendung des männlichen Geschlechts in allen Berufsbezeichnungen ist durch die Eigenart der deutschen Sprache bedingt.

Abb. 17a Berufsliste des PIT
(aus: Handanweisung, S. 17/18)

Kategorien des PI-Tests	Faktoren			
	1	2	3	4
Selbstkritik .... (A)				0.265
Soziale Einstellung .... (B)		-0.680		
Extraversion .... (C)	-0.415		-0.345	0.310
Nicht neurotisch .... (D)	-0.850			
Nicht manisch .... (E)	-0.270	0.250	0.660	
Nicht depressiv .... (F)	-0.745		0.280	0.250
Nicht schizoid .... (G)	-0.470		0.250	
Nicht paranoid .... (H)	-0.285	-0.340	0.285	
Vegetativ stabil .... (I)	-0.525			
Landleben .... (O)		-0.280		-0.425
Handwerklich .... (P)				-0.460
Wissenschaftlich .... (Q)			0.365	-0.365
Verrechnung, Verwaltung ... (R)		0.645		
Umgang mit Menschen ..... (S)		0.420	-0.465	0.500
Bildende Kunst .... (T)		-0.335		0.250
Sprachlich, literarisch .... (U)			0.440	0.460
Musikalisch .... (V)		-0.360		0.500
Soziale Berufe .... (W)				
Lebensalter .... (Z)				-0.285

Abb. 18 Faktoren im PIT
(aus: Handanweisung, S. 25)

	+	—
Faktor 1	Emotionale Stabilität	Allgemeine Fehlanpassung
Faktor 2	Betont soziale, musisch-kontemplative Einstellung	Egozentrisches, berechnendes Erfolgsstreben
Faktor 3	Stabile, wissenschaftlich-literarisch interessierte Introversion	Stimmungslabile, fehlangepaßte soziale Extraversion
Faktor 4	Kontaktfreudige, musisch-irrationale Unbekümmertheit	Amusische, technisch-wissenschaftlich interessierte Zurückgezogenheit

Abb. 19 Versuch der Testautoren, die Faktoren verbal zu interpretieren
(aus: Handanweisung, S. 26)

	Jugendliche		Erwachsene	
	M	s	M	s
A+	11.50	2.38	11.71	1.93
A—	2.50	2.00	2.89	1.90
B+	9.89	2.66	10.99	2.35
B—	4.00	2.44	3.55	2.09
C+	7.23	2.45	7.46	2.79
C—	6.01	2.48	6.60	2.87
D+	12.67	3.17	13.17	3.09
D—	5.92	3.06	5.89	3.01
E+	4.36	1.73	5.15	1.75
E—	4.37	1.75	3.96	1.86
F+	5.25	2.22	5.06	2.23
F—	3.58	2.19	4.19	2.15
G+	6.31	1.73	6.81	1.96
G—	2.80	1.71	2.62	1.77
H+	5.91	1.89	6.80	1.91
H—	2.66	1.46	2.13	1.48
I+	9.81	2.62	8.45	2.76
I—	4.13	2.38	4.20	2.60
O+	3.33	2.10	4.84	2.81
O—	5.79	2.44	4.54	2.57
P	8.49	3.45	8.83	3.02
Q	11.95	3.29	11.96	3.24
R	7.22	3.26	7.23	3.12
S	10.15	3.37	10.06	3.52
T	9.95	3.73	10.92	3.61
U	8.05	2.83	8.70	2.88
V	7.15	3.79	7.91	4.35
W	10.59	3.57	15.33	4.24

Abb. 20 Mittelwerte und Streuungen des PIT (Handanweisung, S. 30)

Skala B niedrig (unsozial) aber starkes Interesse des Pb für soziale Berufe: unter Umständen ist mit Konflikt zu rechnen
Skala D niedrig (neurotisch) aber Interesse für soziale Berufe: unter Umständen versucht der Pb mit seinem Berufswunsch eigene Schwierigkeiten zu kompensieren
Skala B und C niedrig (unsozial und introvertiert) aber Interesse für soziale Berufe: vom Ergreifen eines Berufes im sozialen Bereich wäre abzuraten.

Literatur zum PIT

MITTENECKER, E. & TOMAN, W., Persönlichkeits-Interessen-Test (PIT) – zweite, revidierte Auflage Handanweisung Bern/Stuttgart/Wien 1972
FEIGL, W., Die Validität des PI-Tests. Phil. Diss., 1956
FRANCK, U., Generationsänderung von Persönlichkeitsmerkmalen und Interessen. Ein Interpretationsversuch mit Hilfe des PI-Tests. Wien, 1971
JANOUSCHEK, G., Die faktorielle Struktur des PI-Tests. Phil. Diss., 1962
MITTENECKER, E., Neuere Arbeiten zum PI-Test. In: Bericht über den 19. Kongreß der dt. Gesellschaft für Psychologie, Göttingen 1953, S. 220–222

Freiburger Persönlichkeits-Inventar (FPI)

	Das FPI ist ein Persönlichkeitsfragebogen, der eine Beschreibung von Personen in 12 wesentlichen Eigenschaftsbereichen gestattet. Diese Beschreibung basiert auf Selbstschilderungen des Pb, bzw. aus Stellungnahmen, die er zu vorgelegten Aussagen abgab.
9 Norm	Der Pb steht dem Fragebogen mit einer seiner Altersgruppe entsprechenden Offenheit und Ehrlichkeit gegenüber.
9 +	Der Pb steht dem Fragebogen mit großer Offenheit gegenüber, er gibt verschiedene kleine Fehler zu und ist selbstkritisch. Dabei zeigt er die Bereitschaft, unverfälschte Antworten zu geben.
9 –	Der Pb steht dem Fragebogen mit mangelnder Offenheit und Ehrlichkeit gegenüber. Er möchte kleinere Schwächen und Fehler verdecken, ist bestrebt einen guten Eindruck zu machen. Dabei neigt er eher zu Verschlossenheit.

Vom Wert der Skala 9 (**Offenheit**) hängt in großem Maße die Interpretation der übrigen Werte ab. Dabei können sowohl extrem hohe Werte, die auf extreme Selbstkritik hinweisen, und extrem niedrige Werte, die eine Antworttendenz im Sinne sozialer Erwünschtheit annehmen lassen, zu Verfälschungen der Selbstschilderungen des Probanden führen. Besonders die Werte der Skalen 2 (Aggressivität), 3 (Depressivität) und 4 (Erregbarkeit) sollten in solchen Fällen besonders vorsichtig interpretiert werden.

1 +	Der Pb schildert bei sich häufiger auftretende körperliche Beschwerden. Auf psychische Erregung reagiert er nach seiner Darstellung nicht selten mit körperlichen Symptomen.
2 +	Der Pb schildert sich als spontan, unverträglich, impulsiv und aggressiv. Er zeichnet von sich ein Bild emotionaler Unreife.

2 –	Der Pb meint, daß er kaum dazu neigt, spontan, impulsiv und aggressiv zu reagieren. Er ist vielmehr selbstbeherrscht, sein Verhalten gewissenhaft und beständig.
3 +	Er schildert sich eher als mißgestimmt, unzufrieden und bedrückt. Er beschreibt Gefühle der Angst, Einsamkeit und Minderwertigkeit.
3 –	Er schildert eine ausgeglichene Stimmung, eher optimistisch und gelöst. Er meint, dem Leben gewachsen zu sein und ist mit seinem Schicksal zufrieden.
4 +	Der Pb stellt sich als leicht reizbar, gespannt, empfindlich und erregbar dar. Schon bei alltäglichen Schwierigkeiten ist er störbar, aufbrausend und unruhig.
4 –	Der Pb ist emotional beherrscht und weist ein hohes Maß an Belastbarkeit auf. Er schildert geringe Spontaneität und Impulsivität.
5 +	Er schildert ein großes Kontaktbedürfnis und ist auf der Suche nach Kontakten zu seinen Mitmenschen aktiv und lebhaft. Er hat einen großen Bekanntenkreis.
5 –	Der Pb zeigt nur wenig Bedürfnis nach zwischenmenschlichen Kontakten. Er ist lieber allein und zurückgezogen, wenig mitteilsam und wenig unternehmungslustig.
6 +	Der Pb schildert sich selbst als jemand, der Selbstvertrauen besitzt, gute Laune besitzt, dabei aber tatkräftig und auch ausdauernd ist. Er ist lebenspraktisch orientiert.
6 –	Der Pb schildert sich selbst als jemand, der leicht irritierbar, leicht enttäuscht und entmutigt ist. Er ist eher zögernd und abwartend, schnellem und entschlossenem Handeln abgeneigt.

7 +	Der Pb neigt zur Durchsetzung seiner Interessen, wobei er seinen Mitmenschen gegenüber argwöhnisch ist und die Tendenz zu autoritär-konformistischem Denken an den Tag legt.
7 –	Der Pb neigt zu Rücksicht und Toleranz anderen gegenüber. Er legt eine nachsichtige, eher vertrauensvolle Einstellung an den Tag.
8 +	Der Pb ist schüchtern, verlegen, gehemmt im Umgang mit anderen. Er wird unruhig und unsicher bei bestimmten Anlässen und zeigt nur geringe Tatkraft.
8 –	Der Pb schildert sich als ungezwungen, selbstsicher und von anderen unabhängig. Er ist bereit zu Experimenten und zeigt sich unternehmungslustig.
E +	Er schildert sich als lebhaft, gesellig und aktiv. Er ist ungezwungen, sucht und findet leicht Kontakte.
E –	Er schildert sich als ungesellig, ruhig, zurückhaltend. Er ist selbstgenügsam, wenig unternehmungslustig und sucht selten Kontakte.
N +	Der Pb schildert sich als mißgestimmt, reizbar und zu Grübeleien und Gedankenverlorenheit neigend.
N –	Der Pb schildert seine Stimmung als ausgeglichen und stabil. Er ist selbstsicher und kann sich gut konzentrieren.
M +	Der Pb beschreibt sich als aktiv und von großer Durchsetzungskraft. Er habe wenig Lampenfieber und wenig körperliche Beschwerden.
M –	Der Pb beschreibt seine Stimmung als niedergedrückt und leicht verzagt. Er hat wenig Selbstvertrauen, schildert häufige körperliche Beschwerden und Störungen seines allgemeinen Befindens.

	In den Bereichen . . . zeigt der Pb keine großen Auffälligkeiten. Insgesamt gesehen scheint er . . ..

Allgemein sollten beim FPI nur Werte des Pb interpretiert werden, die außerhalb des Normbereichs liegen. (Werte zwischen 7 und 9 Staninewerten sind mit + gekennzeichnet, Werte zwischen 1 und 3 dagegen mit –) Phänomene innerhalb des Normbereichs können kurz am Ende des Befunds angegeben werden.
Eine Zusammenfassung des Persönlichkeitsbildes anhand spezieller Syndromatiken oder der faktorenanalytischen Absicherung des FPI (vgl. Interpretationshinweise) kann angeschlossen werden.

Hinweise zur Interpretation des FPI

1 *Zum Inhalt der einzelnen Skalen*

		+	–
1	Nervosität	psychosomatisch gestört	psychosomatisch nicht gestört
2	Aggressivität	aggressiv emotional unreif	nicht aggressiv beherrscht
3	Depressivität	mißgestimmt selbstunsicher	zufrieden, selbstsicher
4	Erregbarkeit	reizbar, leicht frustriert	ruhig, stumpf
5	Geselligkeit	gesellig, lebhaft	ungesellig, zurückhaltend
6	Gelassenheit	sich selbst vertrauend	irritierbar, zögernd
7	Dominanzstreben	sich durchsetzend, streng	nachgiebig, gemäßigt
8	Gehemmtheit	gehemmt, gespannt	ungezwungen, kontaktfähig
9	Offenheit	offen, selbstkritisch	verschlossen, unkritisch

Zusatzskalen

E (5,2)	Extraversion	etravertiert	introvertiert
N (3,4)	Emotionale Labilität	emotional labil	emotional stabil
M (1,8)	Maskulinität	typisch männliche Selbstbeschreibung	typisch weibliche Selbstbeschreibung

Die Zahlen in den Klammern nach den Zusatzskalen geben die FPI Skalen an, aus denen die maßgeblichen Items der Skalen E, N und M stammen. Zur weiteren Konkretisierung des Inhalts sei auf die ausführliche Skalenbeschreibung in der Handanweisung S. 48–53 verwiesen.

2 *Zur faktorenanalytischen Absicherung des FPI*

Skala		Faktor 1	2	h^2	r_{tt}	Faktor I	II	III	IV	V	h^2	r_{tt}
FPI	1	48	53	51	89	14	88	-12	13	10	83	89
	2	80	-02	64	82	81	13	09	23	08	74	82
	3	61	58	70	90	44	63	-27	13	25	74	90
	4	73	32	64	90	37	40	06	50	48	78	90
	5	16	-73	55	84	07	-08	87	-06	-11	79	84
	6	-10	-63	41	78	-06	-13	24	05	-79	71	78
	7	55	-03	30	78	17	09	-05	84	-06	74	78
	8	16	80	67	85	15	41	-60	-05	36	68	85
	9	70	11	50	77	81	17	-06	07	05	69	77
% der rot. Varianz		53	47			26	23	19	16	16		
% der Spur (Reliabilität)		34	31			23	21	17	14	14		

Abb. 21 Faktorenanalysen des FPI
(aus: Handanweisung zum FPI, S. 54)

„Die **5-Faktoren-Lösung** scheint psychologisch fruchtbarer zu sein. Sie klärt auch einen deutlich größeren Varianzanteil auf, wie es angesichts der Reliabilitätsschätzungen auch nur sinnvoll ist, und bringt schließlich mit der Rückführung der neun Skalen auf fünf Faktoren immer noch eine deutlich reduzierte Dimensionalität.

Diese fünf Faktoren FPI I bis FPI V sind zwar nicht Sekundärfaktoren im strengen Sinn, da sie bloß aus der Korrelationsmatrix der Skalen gewonnen wurden, doch kann man sie als allgemeinste Dimensionen der ursprünglichen 240 FPI-Items ansprechen.

FPI I wird von FPI 2 (Aggressivität) und FPI 9 (Offenheit), in geringerem Maß von FPI 3 (Depressivität) und FPI 4 (Erregbarkeit) markiert. Zu dem sehr deutlichen Komplex der offen eingeräumten Aggressionstendenz paßt das Syndrom der Erregbarkeit gut, das Syndrom der Depressivität nur insoweit, als die reizbar-mürrische Variante angesprochen ist.

FPI II wird hauptsächlich von FPI 1 (Nervosität), FPI 3 (Depressivität) und in geringerem Maß von FPI 4 (Erregbarkeit) und FPI 8 (Gehemmtheit) markiert. Dieses Eigenschaftsmuster entspricht weitgehend der von Eysenck (1960^{2}) beschriebenen grundlegenden Eigenschaftsdimension Emotionale Labilität – Emotionale Stabilität (Neurotizismus), deren wesentliche Komponenten psychosomatische Störungen, Mißstimmung, Insuffizienzgefühle und die innere Spannung von Erregbarkeit und Gehemmtheit sind.

FPI III wird von FPI 5 (Geselligkeit) und negativ von FPI 8 (Gehemmtheit) markiert. Dieses Bild entspricht mit Kontaktbedürfnis und Impulsivität ungefähr der zweiten von Eysenck beschriebenen Dimension Extraversion – Introversion (vgl. auch Cattell 1957). Allerdings scheinen am Gegenpol die Komponenten der Kontaktstörung und Gespanntheit stärker vertreten zu sein als beim typisch Introvertierten sensu Eysenck. Vielleicht entspricht die Skala FPI 5 allein doch besser dem Extraversion-Introversion-Konzept als FPI III.

Der Varianzanteil der beiden folgenden Faktoren ist geringer: **FPI IV** wird von FPI 7 (Dominanzstreben) und FPI 4 (Erregbarkeit) markiert. Affektbetonte Durchsetzung und Reizbarkeit einerseits und Rücksichtnahme. Mäßigung und große Frustrationstoleranz andererseits ergeben ein psychologisch plausibles Bild.

FPI V wird negativ von FPI 6 (Gelassenheit) und in geringerem Maß positiv von FPI 4 (Erregbarkeit) und FPI 8 (Gehemmtheit) markiert. Geringes Selbstvertrauen und Irritierbarkeit bilden den Gegenpol von Gelassenheit und Ungezwungenheit.“ (Handanweisung, S. 54 f.)

Als Anhaltspunkt zur **Zusammenfassung mehrerer FPI Skalen zu einem einheitlichen Persönlichkeitsbild** des Probanden seien hier einige Formulierungsvorschläge zu den einzelnen Faktoren der 5-Faktorenlösung genannt:

Faktor 1 „offene Aggressivität"
impulsives, unbeherrschtes Reagieren des Pb, neigt dazu, leicht aufzubrausen und seine Unmutsgefühle gegen andere zu richten;
gibt das offen zu, beschönigt das nicht, einigermaßen selbstkritisch in dieser Hinsicht, gibt seine Schwächen zu

Faktor 2 „emotionale Labilität"
Pb ist unsicher und ängstlich, zögert bei Entscheidungen, ist Stimmungsschwankungen unterworfen, nicht sehr belastbar, weicht Konflikten aus, weil er sich nicht stark genug fühlt ihnen offen zu begegnen und richtig auf sie zu reagieren

Faktor 3 „Kontaktorientierung"
Pb hat großes Bedürfnis nach zwischenmenschlichen Kontakten und ist gesellig; ist zudem fähig, diese Bedürfnisse aktiv zu befriedigen

Faktor 4 „Durchsetzung"
Pb neigt dazu, seine Affekte eher unbeherrscht und impulsiv abzureagieren; reagiert oft unkontrolliert und wütend, wenn er seine Interessen nicht durchsetzen kann, versucht ihnen durch aggressives Auftreten oder Erregung Nachdruck zu verleihen

Faktor 5 „Gelassenheit"
Pb ist gelassen, zeigt Selbstvertrauen und Ungezwungenheit, unbeirrbar; ausgeglichene Stimmungslage, ‚reife' Persönlichkeit.

Der entsprechende Gegenpol weist auf die entgegengesetzten Persönlichkeitsmerkmale hin.

Literatur zum FPI

FAHRENBERG, J., H. Selg & R. Hampel, Freiburger Persönlichkeitsinventar (FPI). Göttingen, 1978, 4. revidierte Auflage 1984, 5. ergänzte Auflage 1989

BRENGELMANN, J. C. & L. BRENGELMANN, Deutsche Validierung von Fragebogen der Extraversion, neurotische Tendenz und Rigidität. Z. exp. Psychol., **7**, 1960, S. 291–331

COHEN, R., Systematische Tendenzen bei Persönlichkeitsbeurteilungen. Bern/Stuttgart/Wien, 1969

GRUNDLER, F., Empirische Studien zur Validität des FPI. Diss., Freiburg i. Br., 1970

GUTEMANN, G., Persönlichkeitsbilder verschiedener Sozialberufe. Eine empirische Arbeit mit dem FPI. Zulass. Arb., Freiburg i. Br. 1970

HOBI, V., & A. KLÄR, Eine gemeinsame Faktorenanalyse von MMPI, FPI und 16-PF. in: Z. f. Klin. Psychol. **1**, 1973, S. 27–48

HOBI, V. & A. KLÄR, Ein Beitrag zur Faktorenstruktur des FPI. in: Diagnostica, **19**, 1973, S. 88–96

HOETH, F., R. BÜTTEL & H. FEYERABEND, Experimentelle Untersuchungen zur Validität von Persönlichkeitsfragebogen. in: Psychol. Rdsch., **18**, 1967, S. 169–184

TIMM, E., Eigenschaftsratings als Validitätskriterien eines Persönlichkeitsfragebogens. in: Diagnostica, **17**, 1971, S. 26–45

UNSER, G., Persönlichkeitsbilder verschiedener psychosomatischer und nicht-psychosomatischer Patientengruppen. Eine empirische Arbeit mit dem FPI. Zulass. Arb. Freiburg i. Br., 1966

Minnesota Multiphasic Personality Inventory (MMPI)

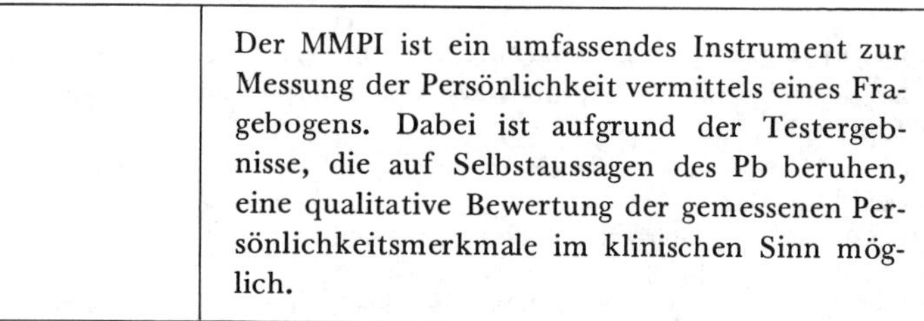

Der MMPI ist ein umfassendes Instrument zur Messung der Persönlichkeit vermittels eines Fragebogens. Dabei ist aufgrund der Testergebnisse, die auf Selbstaussagen des Pb beruhen, eine qualitative Bewertung der gemessenen Persönlichkeitsmerkmale im klinischen Sinn möglich.

! ? – Wert > 40 — Erreicht die Anzahl der unbeantworteten Fragen die Normgrenze, **sollte der Test nicht interpretiert werden.**

? – Wert < 40	Die erreichten Testwerte des Pb scheinen relativ verläßlich zu sein. Relativiert werden die einzelnen Interpretationen durch die Tatsache, daß der Pb mehrere Fragen nicht beantwortete.
? – Wert sehr niedrig	Die erreichten Testwerte des Pb scheinen recht zuverlässig zu sein, da er fast alle Fragen beantwortete.
	Das läßt darauf schließen, daß der Pb den Fragebogen eher etwas *oberflächlich bearbeitet hat und zwar aufgrund ... / den Fragebogen gewissenhaft und sorgfältig bearbeitete.*

Die **Zahl der nicht beantworteten Fragen** beeinflußt die Interpretation des Tests. Ab der Normgrenze (40) sollte auf eine Interpretation ganz verzichtet werden. Erhöhte Zahl von ? – Werten ist bei Patienten oder Probanden mit wenig Selbstvertrauen und depressiven Stimmungszuständen recht typisch (vgl. die Werte in den Skalen Pt und D)
Hypothesen über die Gründe für viele unbeantwortete Fragen sollte belegt werden, evtl. durch Äußerungen des Pb während des Tests oder danach.

L – Wert >60	**Reguläre Auswertung des Tests nicht gesichert**

L – Wert hoch	Der Pb ist nur in einem geringen Maß bereit, sich offen und selbstkritisch über seine Handlungen zu äußern und kleine Fehler und Schwächen zuzugeben. Er versucht stark, sich anderen gegenüber in ein günstiges Licht zu rücken.
L – Wert niedrig	Der Pb ist in hohem Maß bereit, sich offen und selbstkritisch zu seinen Handlungen zu äußern. Auch anderen gegenüber ist er bereit kleine Schwächen zuzugeben.

Der Proband soll im Laufe der Beantwortung des Tests **kleine Schwächen** zugeben. Dabei gilt eine Beantwortung von 6 Feststellungen bei 15 Fragen als normal; weniger weisen auf eine Tendenz der Beantwortung im Sinne sozialer Erwünschtheit hin.
Bei einem hohen L – Wert ist auch häufig ein erhöhter Hy – Wert anzutreffen.
Probanden mit hohen Werten auf den Pa und Pp Skalen erreichen nicht selten auch hohe Werte auf der Lügenskala.

F – Wert > 60/70	**Test ist nicht zu interpretieren,** da der Pb entweder zu oberflächlich beim Ausfüllen war, ihm Lese- oder Verständnisschwierigkeiten ein reguläres Bearbeiten verunmöglichten oder Auswertungsfehler vorliegen.

Bei Akademikern oder Studenten ist ein hoher F – Wert möglich, wenn sie in sehr unkonventioneller, liberaler und gebildeter Weise den Fragebogen beantworten oder den Test nicht ernst nehmen. Darauf sollte bei der Bearbeitung des MMPI geachtet werden.

F – Wert hoch	Die Ergebnisse dieses Verfahrens sind nur eingeschränkt zu interpretieren, da der *Pb bei der Bearbeitung des Fragebogens wenig sorgfältig vorgegangen ist / er den Sinn der Fragestellung nicht verstehen kann.*
F – Wert niedrig	Die Ergebnisse dieses Verfahrens sind einigermaßen zuverlässig, da der Pb den Fragebogen ernsthaft und sorgfältig bearbeitete.

K – Wert hoch	Bei der Bearbeitung der Fragen neigte der Pb dazu, seine Schwächen und Fehler herunterzuspielen, um einen günstigen Eindruck zu erwecken. Er will nur ungern Einblick in sich gewähren.
K – Wert niedrig	Der Pb neigt eher zu übermäßiger Aufrichtigkeit und verstärkter Selbstkritik. Selbst wenn seine Schwächen nur minimal ausgeprägt sind, ist er bestrebt sie überaus schnell zuzugeben.
K – Wert durchschnittlich	In diesem Verfahren zeigte der Pb die Fähigkeit, mit eigenen Problemen adäquat umzugehen.

Je höher der K – Wert, desto höher ist die **Tendenz des Probanden sich gegen den Test zu stemmen,** keinen Einblick in sich zu gewähren.
Bei Studenten tritt allgemein ein leicht erhöhtes K auf.
Hohe K – Werte korrelieren negativ mit hohen Ergebnissen auf der Skala Si, dagegen treten hohes K und hohes Ma recht häufig zusammen auf.
Aufgrund der Annahme, daß der K – Wert sich auch auf die klinischen Skalen auswirkt, wird er dort mit verrechnet.

	Die Antworten des Pb lassen Schlüsse auf seine Denk- und Handlungsweise zu:
F-K $>$ 11 (F hoch)	er spiegelt absichtlich nicht vorhandene Merkmale und Symptome vor, stellt sich krank, will den Eindruck eines Kranken vortäuschen.
F-K $<$ -12 (K hoch)	er neigt stark dazu, seine Schwierigkeiten und Schwächen herunterzuspielen; er versucht, einen normalen und gesunden Eindruck vorzuspielen.

Mit der Differenz zwischen dem F- und dem K – Wert lassen sich **Simulation** (krank stellen) und **Dissimulation** (gesund stellen) des Probanden ermitteln. Zwischen –12 und +11 liegt der Wert im Normbereich.
Hohe F- und niedrige K – Werte sind bei gleichzeitigem Auftreten ein Hinweis darauf, daß der Proband absichtlich versucht, sich in ein relativ ungünstiges Licht zu rücken.

Wenn mehrere Skalen T-Werte um 50 zeigen, sind hohe F-Werte selten ein Anzeichen für Auswertungsfehler oder absichtliche Falschauswertung.

Auf der anderen Seite sollte man bei der Interpretation von Profilen, die viele niedrige Skalenwerte aufweisen, vorsichtig sein, selbst, wenn die Werte der Lügen- und der Korrekturskala nicht besonders erhöht sind.

Die folgenden **klinischen Skalen,** die eine Interpretation von Auffälligkeiten im klinischen Bereich erlauben, aber nur wenig Anhaltspunkte für den Ausprägungsgrad einer Dimension im charakterologischen Normalbereich geben, sollten nur außerhalb des Normbereichs (kleiner als 40 oder größer als 60) ausgewertet werden. Abweichungen zwischen 40 und 60 sind höchstens als Unauffälligkeiten in diesem Bereich zu sehen und können kurz am Ende des Befundes zusammengefaßt werden.

Hd hoch	Der Pb macht sich recht häufig übertriebene Sorgen um seinen Gesundheitszustand und klagt häufig über Beschwerden, für die keine organischen Gründe gefunden werden können. Anderern gegenüber gibt er sich oft weinerlich und pessimistisch, dabei kann er zynisch und stur werden.
Hd niedrig	Der Pb macht sich wenig Sorgen um seine Körperfunktionen und seinen Gesundheitszustand. Dabei zeigt er keine auffallenden Stimmungsschwankungen. (Evtl. ist er nicht bereit anderen gegenüber von seinen Sorgen zu berichten)
D hoch	Der Pb neigt dazu, sich von Gefühlen der Wertlosigkeit, der übertriebenen Besorgnis und des mangelnden Selbstvertrauens bestimmen zu lassen. Seine Selbstunsicherheit, die daraus resultiert, daß er sich oft alleingelassen fühlt und unfähig ist, einen gesunden Zukunftsoptimismus zu entwickeln, bringt ihn dazu, häufig sich und anderen Vorwürfe zu machen.
D niedrig	Die Neigung des Pb zu Heiterkeit und Optimismus ist gepaart mit einer ausgeglichenen Stimmungslage. Er besitzt genügend Selbstvertrauen, um hoffnungsvoll in die Zukunft zu blicken.
Hy hoch	In Belastungssituationen neigt der Pb häufig zu übertriebenen Reaktionen. Er ist leutseelig und muß sich immer von der besten Seite zeigen,

	dafür braucht er soziale Anerkennung und Billigung. Seine allgemeine Haltung könnte als realitätsfern und unreif bezeichnet werden.
Hy > 70	Der Pb zeigt die Neigung, Probleme durch die Entwicklung von hysterischen Symptomen zu umgehen oder körperliche Symptome zu entwickeln um seine Bedürfnisse durchzusetzen.

Bei **hohen Hy-Werten** ist darauf zu achten, daß solche Pb oft therapieresistent sein können, obwohl sie verbal ihre Bereitschaft zur Mitarbeit betonen.
Sind **Hd und Hy größer als D,** so kann man D als subjektive Beschwerden und Hd und Hy als symptomatische Beschwerden interpretieren, wobei Hy den Grad der Indifferenz den Symptomen gegenüber angibt. (evtl. ein Hinweis auf psychosomatische Erkrankungen)
Liegt **D dagegen höher als Hy und Hd,** so sind die subjektiven Beschwerden größer als die Symptome. (evtl. ein Hinweis auf neurotische Tendenzen) (aus: Handanweisung MMPI, S. 29)
Voraussetzung für solche Interpretationen ist, daß alle drei Skalenwerte über 70 liegen.

Pb hoch	Dem Pb fehlt die Fähigkeit, tief gefühlshaft zu reagieren, er verhält sich impulsiv und verantwortungslos. Seine sozialen und sexuellen Beziehungen zu anderen bleiben unehrlich und vom Egoismus geprägt, da er dazu neigt, soziale Sitten und Moralvorstellungen zu mißachten. So scheint er nicht in der Lage zu sein, kurzfristige Bedürfnisse aufzuschieben, ohne Rücksicht auf die Folgen für sich und andere.
Pb niedrig	Der Pb neigt zu starrem, eingeengtem, konventionellem Denken. In seinem Verhalten richtet er sich strikt an die Sitten und Gebräuche seiner Umwelt; es mangelt ihm an Flexibilität.

In der Handanweisung wird darauf hingewiesen (S. 30), daß bei Pb mit hohen Pb-Werten keine Therapie Aussicht auf nennenswerte Erfolge hat. Besser erscheint es, durch sinnvolle und einsichtige Anleitung über längere Zeit hinweg eine soziale Anpassung zu erreichen.

Mf hoch (männl.)	Die Interessensrichtungen des Pb sind von den traditionellen und üblichen männlichen Rollenvorstellungen unserer Gesellschaft verschieden. Die Ansichten, die der Pb über ein breites Spektrum hat, sind eher unkonventionell und flexibel. Er ist selbstzufrieden und verständnisvoll.
Mf niedrig (männl.)	Der Pb richtet sich in seinen Interessen und Vorstellungen eher nach einem festgefügten Rollenschema männlichen Verhaltens. Er orientiert sich an einem Mannlichkeitsideal, das sich durch Stärke und Durchsetzungskraft auszeichnet.
Mf hoch (weibl.)	Die Interessensrichtungen der Pb sind von den traditionellen und üblichen weiblichen Rollenerwartungen unserer Gesellschaft verschieden. In ihren Ansichten ist sie eher unkonventionell, ihr Verhalten erscheint entschlossen, energisch und antreibend.
Mf niedrig (weibl.)	Die Pb fügt sich widerstands- und kritiklos in die traditionelle Rollenerwartung der Frau ein. Sie unterwirft sich einem Weiblichkeitsideal, das sich dem Mann unterwirft und wenig Eigeninitative und Energie entwickelt.
Mf < 40 (weibl.)	Sie ist sehr nachgiebig und abhängig von anderen. Bei Entscheidungen zögert sie und bemitleidet sich in ihrer Situation selbst.

Die Mf-Skala mißt die **Tendenz der Interessenverteilung zur Maskulinität oder Feminität.** Deshalb sind für männliche und weibliche Probanden unterschiedliche Werte vorgesehen. Für beide bedeutet ein hoher Mf-Wert eine Abweichung der grundlegenden Interessen in Richtung auf die Interessen des anderen Geschlechts.

Pa hoch	Der soziale Kontakt des Pb ist durch Argwohn und Überempfindlichkeit gekennzeichnet. Er fühlt sich durch Kritik leicht verletzt und in seiner Identität in Frage gestellt. Aufgrund seiner Sensibilität reagiert er bei Belastungen oft launisch; seine Irritierbarkeit kann zu aggressiven, gar feindseligen Reaktionen führen.

Pa $\geqslant$ 80 weist auf krankhafte Abnormalität in den meisten Fällen hin.
Falls die übrigen Psychose-Skalen leicht erhöht sind, Pa aber nicht über 60 liegt, kann man eine Neurose annehmen. Verdacht auf eine Psychose ist gegeben, wenn der Pa-Wert sich 80 nähert, auch wenn Sc und Pt im Normbereich liegen.
Persönlichkeiten mit hohem Pa und hohem Pp sind sehr oft schwierig, aggressiv und in ihrem Verhalten anstößig. Der Umgang mit ihnen wird noch erschwert, wenn sie einen erhöhten Mf-Wert aufweisen.

Pt hoch	Der Pb ist gespannt, zögernd und selbstunsicher. Es mangelt ihm an Selbstvertrauen, ihn plagen Minderwertigkeitsgefühle. Er neigt zu übertriebener Sorge und Ängstlichkeit. Dabei fühlt er sich oft unverstanden oder bedroht, das bereitet ihm Schwierigkeiten sich der Umwelt anzupassen und die Wirklichkeit zu akzeptieren.

Pt-Werte gleich oder über 80 weisen auf klinische Fälle hin. Bei hohen Pt-Werten zeigt sich eine gleichzeitige Tendenz zu depressiver Verstimmtheit.
Erhöhte Pt-Werte werden häufig bei männl. Studenten beobachtet und weisen auf Konzentrationsmängel, Gespanntheit, Entschlußunfreudigkeit und Selbstunsicherheit hin.

Sc hoch	Der Pb gibt sich schüchtern und lebt gerne zurückgezogen. Er ist überempfindlich und schließt sich von anderen ab, hat Schwierigkeiten Kontakt zu finden oder in Gruppen aufgenommen zu werden, da er lieber tagträumt als sich aktiv zu beteiligen.

Sc=80–90 weist meist auf Schizophrenie hin
Hohe Sc-Werte korrelieren häufig mit Hohen Pt-Werten

Ma hoch	Der Pb ist aktiv und hat Freude an körperlicher Betätigung, läßt sich begeistern, ist aber auch leicht stör- und irritierbar. Er ist ungewöhnlich ruhelos, aber nicht ausdauernd.

Ma niedrig	Der Pb besitzt nicht viel an Antriebskraft und Motivation eine Arbeit zu vollenden. Er wirkt eher schwunglos und apathisch.
Si hoch	Der Pb neigt eher dazu, sich von sozialen Aktivitäten zurückzuziehen, in diesem Bereich fehlt ihm die Eigeninitiative. Er zieht sich lieber von anderen zurück.
Si niedrig	Der Pb sucht gerne und findet leicht Kontakt mit seiner Umgebung. Er hat vielseitige Interessen und betreibt ein breites Spektrum an sozialen Aktivitäten.

Hinweise zur Interpretation des MMPI

1 *Zum Inhalt der Skalen*

L	L-Skala	Messung des Grades, in dem Pb ihre Antworten zu verfälschen versuchen, indem sie sich in ein günstiges Licht zu setzen bestrebt sind
F	F-Skala	Überprüfung der Validität des Tests
K	K-Skala	Unterdrückungsvariable, Abwehrhaltung gegenüber eigenen psychischen Schwächen
Hd	Hypochondria	Pb beschäftigt sich in abnormer Weise mit Körperfunktionen; übertrieben um Gesundheit besorgt
D	Depression	emotionale Verstimmtheit, Gefühl der Wertlosigkeit, kein Zukunftsoptimismus
Hy	Hysteria	Grad der Ähnlichkeit mit Patienten, die konversionshysterische Symptome entwickelt haben
Pa	asoziale Psychopathia	Fehlen tiefen gefühlhaften Reagierens, Unfähigkeit aus Erfahrungen zu lernen, Mißachtung sozialer Normen

Mf	Maskulinität/Feminität	Abweichung in Richtung der Interessen des anderen Geschlechts
Pa	Paranoia	Argwohn, Überempfindlichkeit, Verfolgungsideen
Pt	Psychasthenia	Phobien und Zwangsverhalten, Tendenz zum Auftreten depressiver Verstimmtheit
Sc	Schizoidie	Trennung zwischen Realität und Denken, bizarres und ungewöhnliches Denken und Verhalten
Ma	Hypomania	Überproduktivität, Überaktivität, Begeisterungsfähigkeit, Reizbarkeit und Störbarkeit
Si	Soziale Introversion/ Extraversion	keine reine klinische Skala Tendenz sich vom sozialen Kontakt zurückzuziehen

Sollte der MMPI aufgrund entsprechender Werte

? Wert > 40
L Wert > 60
F Wert > 60/79

nicht interpretierbar sein, so sollte doch ein Hinweis darauf, eine Anmerkung darüber im Befund und selbstverständlich im Gutachten auftauchen. Unter Umständen kann man sich an eine der Formulierungen anlehnen, die einen etwas überhöhten Wert auf einer dieser drei Skalen interpretiert, und ihn schärfer fassen – mit dem Fazit, daß aus diesem Grund eine Interpretation des MMPI nicht möglich war.

Als Zusammenfassung der Interpretationshinweise fügen wir hier eine Liste von Eigenschaften an, die GOUGH, HARRIS und BLACK (1953) im Anschluß an TYLER (1951) zur Beschreibung erhöhter Werte in den wichtigsten Skalen vorgeschlagen haben und die sich vor allem zur Persönlichkeitsbeschreibung im normalen Bereich eignen. Diese Merkmale können allgemein angewandt werden, wenn die Skala eindeutig erhöht ist. Liegt die betreffende Skala nicht höher als 65 oder mehr oder weniger auf dem Niveau der übrigen Skalen, so sind Modifikationen notwendig. Sind zwei oder mehr Skalen deutlich erhöht, so können die Merkmale nicht mehr direkt angewandt werden; vielmehr müssen dann die Wechselbeziehungen zwischen den einzelnen Skalen berücksichtigt werden.

Hohes K.: Vielseitige Interessen begeisterungsfähig, aufgeklärt, großzügig, heiter, ausdauernd, ausgeglichen, zufrieden.

Niedriges K.: Unzufrieden, gewohnheitsgebunden, zynisch, gefühlshaft, intuitiv, sinnlich, selbstsüchtig, streitlustig, eifersüchtig.

Hd: Besorgt über Körperfunktionen und Gesundheit, Neigung zu körperlichen Beschwerden, Pessimismus, Mutlosigkeit, Sturheit.

D: Depression, Niedergeschlagenheit, Mutlosigkeit, Verzagtheit, subjektive Erschöpfung.

Hy: Unreif, unrealistisch, zugänglich für Gruppenideen, freundlich, höflich, naiv, braucht soziale Billigung, narzißtisch, uneinsichtig, Konversionssymptome (über 70)? , offen und freundlich, muß sich immer von der besten Seite zeigen, leutselig, braucht Beliebtheit.

Pp: Unverantwortlich, unzuverlässig, impulsiv, egozentrisch, trotzig, asozial, individualistisch, taktlos, unbedachtsam, mangelnde Fähigkeit zur Beurteilung des eigenen Eindrucks auf andere, affektiv flach, wirkt bezaubernd, kein Lernen aus Erfahrung, Auflehnung gegen Autorität, nonkonformistisch, unfähig Formen einzuhalten.

Mf: *Männer:* Große Interessenbreite, ungeduldig, selbstzufrieden, snobistisch, milde, verständnisvoll.

Frauen: Unbefriedigt, antreibend, energisch, entschlossen.

Pa: Aggressiv, kritisch, irritierbar, launisch, sensibel, durch Kritik leicht verletzt, hartnäckig, skeptisch, Bedürfnis zu dominieren, feindselig, reizbar.

Pt: Besorgt, gespannt, zögernd, unsicher, selbstunsicher, Minderwertigkeitsgefühle, verwirrt, ängstlich, erregt, um Einzelheiten besorgt, macht sich Sorgen, ob etwas richtig gemacht worden ist oder gemacht wird, nervös, unentschlossen, durch Kleinigkeiten irritierbar, macht sich selbst schlecht, fühlt sich bedroht, unverstanden, verlangt die Ansichten aller, unbehaglich, bis zur Zwanghaftigkeit genau.

Sc: Schüchtern, in sich zurückgezogen, überempfindlich, schließt sich ab, vorsichtig, ungenau, ergeben, wird von Gruppen abgelehnt, hat Schwierigkeiten in Gruppen aufgenommen zu werden, tagträumt statt mitzumachen.

Ma: Zuversichtlich, überempfindlich, nicht ausdauernd, aggressiv, charmant, expansiv, irritierbar, ungeduldig, geht aus sich heraus. redet gern, verfolgt begeistert eine Aufgabe, die er dann bald fallen läßt, überaktiv, ungewöhnlich ruhelos, hat Freude an körperlicher Betätigung.

Abb. 22 Eigenschaftsliste zur Beschreibung der MMPI Skalen (aus Handanweisung MMPI, S. 38/39)

2 *Hinweise zur Berufsberatung*

Mf – Wert	Dem Pb sollte zu einem Beruf geraten werden, der seinen Interessen entspricht
Pt – Wert	Die Unentschlossenheit, Selbstunsicherheit und Konzentrationsunfähigkeit kann zu Schwierigkeiten in Berufen mit hoher Verantwortung führen
Ma – Wert	Mangelnde Ausdauer und die Tendenz sich zuviel auf einmal aufzuladen sollten zum Abraten von Berufen mit zu großer Selbständigkeit führen
Si – Wert	Fehlende Aktivität im sozialen Bereich läßt den Pb ungeeignet für soziale Berufe erscheinen

3 *Zur Profilinterpretation*

a) *Normale:* Alle Skalenwerte liegen unter 70. Bei Studenten findet man drei Unterformen: 1. Alle Werte um 50 mit Ausnahme der Hy- und Ma-Werte, die auf 55 erhöht sind; 2. alle Werte um 50 mit Ausnahme der Pp- und Ma-Werte, die auf 55 erhöht sind (dies findet sich vor allem bei überaktiven, etwas aggressiven Persönlichkeiten); 3. alle Werte um 50 mit Ausnahme von D und Pt, die auf etwa 55 erhöht sind (dieses Profil findet sich oft bei sehr intelligenten und ängstlich-besorgten Studenten).
b) *Leichte Neurotiker:* Hy, D und Hd liegen gewöhnlich zwischen 70 und 80. Durch den D-Wert werden hauptsächlich Ängstlichkeit, subjektive Schmerzen, nicht unbedingt Depression angedeutet. Relativ reine Angstneurotiker und Hysteriker mit psychosomatischen Beschwerden zeigen gewöhnlich ein niedriges D, während Hd und Hy höher sind (d. h. die drei Skalen bilden ein sogenanntes „psychomatisches V"). Liegt Hy um 80 und Hd zwischen 60 und 70, so handelt es sich wahrscheinlich eher um einen „hysterischen Charakter" mit Neigung zum Darstellen, zur Verdrängung und zum Ausnutzen sozialer Beziehungen, je mehr sich der Hd-Wert dem Hy-Wert annähert, um so größer wird die Wahrscheinlichkeit einer Konversions-Hysterie; wegen des Fehlens von Angst sind sie oft therapieresistent, obwohl sie zahlreiche Beschwerden haben können. Liegt Pa etwas über 60, so handelt es sich um feindselige Patienten mit geringer Einsicht; dieses Bild findet man häufiger bei Frauen.
c) *Schwere Neurotiker:* Die neurotische Trias zeigt Werte um 80 und Pt ist auf 70 erhöht. Die linke Seite des Profils ist erhöht und die Pt-Skala zeigt einen niedrigeren Gipfel. Bei diesen Patienten liegen meist auch psychische Beschwerden und zwangsneurotische Züge vor.
d) *Psychotiker:* Die drei Psychoseskalen sind bei Psychotikern erhöht, doch finden sich manchmal bei Frühschizophrenien keine über 70 liegenden Werte. Im Anfangsstadium einer paranoiden Schizophrenie können

Hy und Pa um 60 liegen und Sc und Pt sehr niedrige Werte haben. Bei typischen psychotischen Profilen findet man ein Pp von 70, ein Pa von 40–75, ein Pt von 75–80 und einen Sc-Wert, der höher als der Pt-Wert liegt. Bei Involutionspsychosen sind meist D und Pa erhöht.

e) *Psychopathen:* Der Pp-Wert ist bei Psychopathen eindeutig der höchste aller Skalen. Ma kann hoch sein oder auch nicht; ist Ma erhöht, so weist dies auf Irritierbarkeit und Selbstsüchtigkeit hin. Gleichzeitige Erhöhungen von Pp und Ma finden sich oft bei jugendlichen Kriminellen.

f) *Hirnorganiker:* Die Profile der Hirnorganiker ähneln im allgemeinen denen bei Neurotikern. Bei frontaler Hirnschädigung liegt im allgemeinen mehr Angst, Agitiertheit und Verwirrtheit als bei Parietalschädigungen vor.

Abb. 23 Grundprofile verschiedener Gruppen
(aus: Handanweisung zum MMPI, S. 48/49)

Zusätzlich enthält die Handanweisung eine Sammlung deutschsprachiger klinischer Gruppen und ihre Profile ab Seite 54.
Bei jeder Interpretation eines klinischen Profils sollte jedoch mit äußerster Vorsicht vorgegangen werden.

Literatur zum MMPI

SPREEN, O., MMPI – Saarbrücken (deutsche Bearbeitung des Minnesota Multiphasic Personality Inventory nach Hathaway & McKinley). Bern/Stuttgart, 1963.

BOTTENBERG, E. H., Soziale Erwünschtheit im MMPI Saarbrücken. in: Psychol. & Praxis. **14**, 1970, S. 172–179

BOTTENBERG, E. H. & E. G. WEHNER, Mitteilung zur Zuverläßlichkeit und Interkonsistenz der Standard-Skalen des MMPI Saarbrücken. in: Diagnostica, **12**, 1966, S. 85–86

DAHLSTROM, W. G. & G. S. WELSH, An MMPI Handbook: A Guide to use in clinical practice and research. Minneapolis, 1960

GOUGH, H. G., R. HHARRIS & J. BLACK, Notes of lectures on the MMPI. Vervielfältigtes Manuskript, 1953

HARRIS, R. E. & J. C. LINGOES, Subscales for the MMPI: an aid to profile interpretation. San Francisco, 1955

HATHAWAY, S. R. & McKINLEY, J. C., A multiphasic personality schedule (Minnesota): I. Construction of the Schedule. in: J. Psychol., **10**, 1940, S. 249–254

HATHAWAY, S. R. & P. E. MEEHL, Das Minnesota Multiphasic Personality Inventory. in: Stern (Hrsg.) 1954

STERN, E. (Hrsg.), Die Tests in der klinischen Psychologie. Zürich, 1954

WEHNER, E. G. & E. H. BOTTENBERG, Wiederholungsreliabilität und faktorielle Konstanz des MMPI Saarbrücken. in: Diagnostica, **15**, 1969, S. 36–40

Zusätzlich sei auf das ausführliche Literaturverzeichnis des MMPI Handbuches verwiesen, das eine Reihe der wichtigsten Texte zur Originalfassung des MMPI enthält.

Maudsley Personality Inventory (MPI)

N hoch	Der Pb fühlt sich leicht irritierbar und glaubt sich den Anforderungen des Alltags nicht gewachsen. Er schildert sich als leicht verletzbar und außerordentlich empfindlich. Er gibt an, daß er zu stärkeren Stimmungsschwankungen neigt und sich um viele Kleinigkeiten, auch über sein körperliches Befinden übertriebene Sorgen macht.
N normal oder niedrig	Der Pb beschreibt sich verglichen mit der Bevölkerung in seinem Alter in keinem besonderen Maße als jemand, der von innerer Unruhe, Erregbarkeit und Empfindlichkeit erfaßt ist. Nach seinen Angaben neigt er nicht zu größeren Stimmungsschwankungen und zu übertriebener Besorgnis.
E hoch	Der Pb äußert seine große Freude an der Gesellschaft anderer und seinen Wunsch als auch die Fähigkeit zum Kontakt mit seiner Umwelt. Er bezeichnet sich in sozialer Hinsicht als aktiv und unternehmungslustig.

Hinweise zur Interpretation

Das MPI versucht den Grad der Dimension Extraversion vs. Introversion und den Grad der neurotischen Tendenz bei normalen und neurotischen Pb über 20 Jahren zu ermitteln.
Es ist geeignet zur schnellen Unterscheidung zwischen normalen und tendenziell neurotischen Pbn.

Literatur zum MPI

EYSENCK, H. J., Maudsley Personality Inventory – MPI. Göttingen, 1959

Hamburger Neurotizismus- und Extraversionsskala für Kinder und Jugendliche (HANES, KJ)

L 8 od. 9	Der Test ist nicht interpretierbar. Der Pb ist nicht bereit, sich über seine eigene psychische Verfassung zu äußern.
L 1–7	Der Pb beantwortet die Testfragen offen und scheint zu einer selbstkritischen Haltung fähig zu sein. Der hier durchgeführte Test selbst ist ein Fragebogenverfahren, das mithilfe der Selbstbeschreibung des Pb emotionale Belastbarkeit und die Art der zwischenmenschlichen Beziehung zu erfassen versucht.
N 4–6	Der Pb schreibt sich selbst in keinem auffallenden Maße innere Unruhe, Erregbarkeit und Empfindlichkeit zu. Nach seinen Angaben neigt er nicht zu größeren Stimmungsschwankungen und macht sich auch keine allzu großen Sorgen um seine Gesundheit.
N $\geqslant 7$	Der Pb glaubt, daß er den Anforderungen des Alltags nicht im gleichen Maß wie andere gewachsen ist. Er beschreibt sich im sozialen Bereich als jemanden, der leicht verletzbar und sehr empfindlich ist. Außerdem meint er, daß seine Stimmungen häufig schwanken und er macht sich einige Gedanken über seine Gesundheit. So berichtet er von *Einschlafstörungen / Kopfschmerzen / Abgespanntheit und häufiger Müdigkeit.* Er selbst kennzeichnet sich als ängstlich, von innerer Unruhe erfüllt.
N 1–3	Der Pb schildert sich im Vergleich zu seinen Altersgefährten *(bedeutend)* weniger ängstlich und nervös. Er beschreibt sich vielmehr als jemand, der eine ausgeglichene Stimmungslage besitzt und sich um seine Gesundheit kaum Sorgen macht.
$E_3 \geqslant 7$	Der Pb schildert sich in seinem Erleben und Verhalten als stark nach außen hin orientiert.

$E_1 \geqslant 7$	Dabei gibt er an, Freude an der Gesellschaft anderer zu haben, und er äußert sowohl den Wunsch als auch die Fähigkeit Freunde zu finden und in Kontakt mit anderen Menschen zu treten.
$E_2 \geqslant 7$	Er schildert sich als ausgesprochen lebhaft und unbeschwert. Er sei von Erlebnisdrang und Unternehmungslust erfüllt.

Hinweise zur Interpretation

Normen liegen für die Alterstufen von 8 bis 18 vor.
Die Skala „Neurotizismus" N_3 setzt sich aus der Summe von N_1 und N_2 zusammen.
Die Skala „Geselligkeit" E_1 ergibt mit der Skala „Aktivität" E_2 zusammen die „Extraversionsskala" E_3. L bezeichnet die Lügenskala.
Der Mittelwert der Staninewerte liegt zwischen 4 und 6. Interpretiert werden meistens nur Werte über 7.

Literatur zu HANES, KJ

BUGGLE, F. & F. BAUMGÄRTEL, Hamburger Neurotizismus- und Extraversionsskala für Kinder und Jugendliche (Hanes, KJ). Göttingen, 1972, 1975[2]

KRÜGER, K. J., Untersuchung an Kriteriumsgruppen zur Validität der Hanes. unveröff. Zulassungsarbeit, Hamburg, 1969

NAUMANN, R., Untersuchungen mit der Hanes an Kriteriumsgruppen von Kindern und Jugendlichen. unveröff. Zulassungsarbeit, Hamburg, 1968

TEWES, U., Emotionalität und Schulleistung: Einige Angaben zur Validität der Hanes (KJ). in: Diagnostica, **19**, 1973, S. 40–50

Picture Frustration Test (PFT)

GCR $<$ Q1	Mit Hilfe diese Verfahrens lassen sich die verschiedenen Formen des Verhaltens in alltäglichen Belastungssituationen feststellen. Der Pb reagiert auf soziale Belastungssituationen nicht so wie die meisten seiner Altersgefährten. Das bedeutet, daß aufgrund der sehr individuellen Ausprägung unübliche Verhaltensweisen zu erwarten sind (wobei nicht geklärt werden kann, ob er überhaupt unfähig ist, angemessen zu reagieren oder ob er bei theoretisch vorgestellten Situationen andere Reaktionen angibt, als er bei praktischer Beteiligung zeigt).
Q1 $<$ GCR $<$ Q3	Der Pb zeigt in sozialen Belastungssituationen allgemein übliche Reaktionen, er unterscheidet sich in ihnen nicht wesentlich von seinen Altersgefährten.
GCR $>$ Q3	Der Pb stimmt in seinen Reaktionen auf soziale Belastungen sehr stark mit den üblicherweise zu erwartenden Verhaltensweisen überein; eine besonders typische individuelle Ausprägung ist nicht festzustellen.

Mit dem **Group Conformity Rating (GCR)** wird versucht,die Übereinstimmung der Antworten des Probanden mit den ‚normalerweise' in seiner Altersgruppe erwarteten Antworten zu erfassen. Die Zahl der mit den häufigen Signaturen korrespondierenden Antworten ergeben in Prozenten ausgedrückt das GCR (vgl. die Liste der GCR-Signaturen bei den Interpretationshinweisen)

Aggressionsrichtung

E $\leqslant$ Q1	Aggressionen gegen seine Umwelt sind beim Pb recht selten und stark gehemmt. Mit Situationen, die ihn irgendwie beschränken, setzt er sich wenig auseinander.

$E \geqslant Q3$	In Situationen, die den Pb beschränken oder ihn frustrieren, reagiert er offen und in starkem Maß auf andere Personen.
$I \leqslant Q1$ $I \geqslant Q3$	Er versucht nicht, irgendeine Schuld für bestimmte Situationen bei sich zu suchen, vielmehr versucht er eher, sich von Schuld freizusprechen. In solchen Situationen neigt der Pb dazu, die Schuld bei sich zu suchen, er betont sehr stark seine Schuldgefühle.
$M \leqslant Q1$ $M \geqslant Q3$	Er setzt sich mit frustrierenden Situationen auseinander und umgeht seine Aggressionen nicht. Er neigt dazu, die mit Einschränkungen und Frustrationen verbundenen Situationen zu umgehen oder zu leicht zu zu nehmen. Er verharmlost sie und versucht, aggressives Verhalten zu umgehen.

Das Auftreten bestimmter **Aggressionsrichtungen** im Test sollte nur interpretiert werden, wenn die Werte kleiner oder gleich Q1, bzw. größer oder gleich Q3 sind.

Total Pattern

Überein- stimmend	Dabei tendiert der Pb meistens dazu, . . .

Das **Total Pattern** als die Reihenfolge der häufigsten Faktoren sollte nur interpretiert werden, wenn es inhaltlich mit der ermittelten Aggressionsrichtung übereinstimmt.
Die Aussagen über die Tendenzen des Probanden sind den später folgenden Angaben über die Definitionen der Signierungskategorien zu entnehmen.

Reaktionstyp

	In sozialen Belastungssituationen herrscht im Erleben des Pb besonders die Tendenz vor, . . .
O–D ⩽ Q1	dem ihm im Weg stehenden Hindernis wenig Beachtung zu schenken.
O–D ⩾ Q3	seine ganze Aufmerksamkeit auf das ihn hemmende Hindernis zu richten. E': keine Interpretation I': keine Interpretation M': Dabei neigt er dazu, das Hemmnis (aber) in seiner Bedeutung so zu verharmlosen, daß er fast dessen Existenz leugnet.
E–D ⩽ Q1	der ihn hemmenden und frustrierenden Situation weniger als allgemein üblich Beachtung im Hinblick auf sich selbst zu schenken.
E–D ⩾ Q3	die ihn hemmende und frustrierende Situation besonders stark im Hinblick auf sich selbst zu beachten. E: Dabei neigt er besonders dazu, andere Personen oder gar Gegenstände der Umgebung zu beschuldigen und sich ihnen feindselig gegenüber zu verhalten. I: Dabei wendet er Beschuldigungen und Vorwürfe hautsächlich gegen sich selbst. M: Dabei versucht er der Frage nach der Schuld möglichst auszuweichen und die Situation als unvermeidbar anzusehen.
N–P ⩽ Q1	sich um die Lösung der Konfliktsituation und das ihm entgegenstehende Hindernis wenig zu kümmern.
N–P ⩾ Q3	sich zumindest gedanklich mit der Lösung der problematischen Situation stärker als in seinem Alter üblich auseinanderzusetzen. e: (Allerdings) erwartet er dabei die Lösung hauptsächlich von anderer Seite. i: Dabei bemüht er sich selbst eine Lösung zu finden. m: Dabei verhält er sich eher abwartend und hofft, daß durch irgendwelche glücklichen Umstände das Problem eine Lösung erfährt.

Auch die **Tendenzen, wie der Proband** wahrscheinlich auf eine hemmende und konfliktträchtige Situation **reagiert**, sollten nur interpretiert werden, wenn die Werte dafür unter Q1 oder über Q3 liegen.
Dazu werden zusätzlich zu einem interpretierbaren Reaktionstyp Aussagen über die entsprechende Aggressionsrichtung gewonnen, je nachdem welcher der drei Werte: E (E',e), I (I'i) oder M (M',m) in der jeweiligen Rubrik relativ am größten ist. Bei O–D ⩾ Q3 entfällt eine weitergehende Interpretation falls E' oder I' relativ am größten sein sollten.

SE-Patterns

	Wird dem Pb eine Verfehlung zur Last gelegt, so . . .
$\underline{E} \leqslant Q1$	neigt er dazu, sich nicht zur Wehr zu setzen und zu verteidigen.
$\underline{E} \geqslant Q3$	zeigt er die Tendenz, Schuld und eigene Verantwortung in aggressiver Weise abzuleugnen.
$\underline{I} \leqslant Q1$	so neigt er eher dazu, die Schuld nicht zuzugeben.
$\underline{I} \geqslant Q3$	so gibt er eher die eigene Schuld zu, versucht sie aber auf unvermeidbare Umstände zurückzuführen und sich so von jeder Verantwortung freizusprechen.
$\underline{E}+\underline{I} \leqslant Q1$	so neigt er dazu, obwohl Einsicht in seine Schuld vorhanden ist, Schuld und Verantwortung von sich abzuschieben.
$\underline{E}+\underline{I} \geqslant Q3$	so zeigt er die Neigung, wenig Verantwortung zu übernehmen und die Schuld auf andere abzuschieben.
$E-\underline{E} \leqslant Q1$	dann zeigt er nur eine schwache Tendenz andere offen und aggressiv zu beschuldigen.
$E-\underline{E} \geqslant Q3$	so neigt er stark dazu, offen und aggressiv andere zu beschuldigen.
$I-\underline{I} \leqslant Q1$	so neigt er dazu, die eigene Schuld eher nicht einzusehen; sein Gewissen scheint dabei nicht sehr empfindlich zu sein.
$I-\underline{I} \geqslant Q3$	so zeigt er die Neigung, sich selbst zu beschuldigen und verantwortlich zu fühlen; er zeigt ein empfindliches Gewissen.

M+I ⩽ Q1	so neigt er dazu, sich stark mit der Schuldfrage zu beschäftigen und die Verfehlung nicht einfach als unvermeidbar hinzustellen.
M+I ⩾ Q3	so neigt er eher dazu, den Konflikt und die Schuld daran auf unvermeidbare Umstände zurückzuführen.

Die **Super-Ego Patterns** sollten wieder nur bei Werten kleiner/gleich Q1 oder größer/gleich Q3 interpretiert werden. Sind mehr als nur ein Wert auffällig, empfiehlt es sich, eine Interpretation im Zusammenhang anzustreben. Die S–E Patterns bieten Gefahr, überinterpretiert zu werden; man sollte hier also besonders vorsichtig vorgehen.

Tendenzen

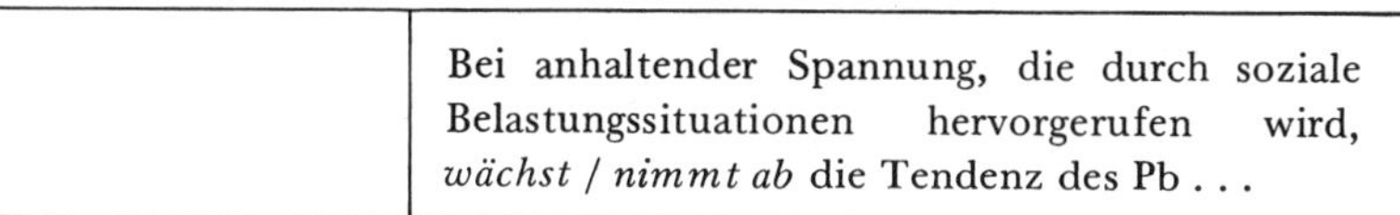

	Bei anhaltender Spannung, die durch soziale Belastungssituationen hervorgerufen wird, *wächst / nimmt ab* die Tendenz des Pb . . .

Eine **Tendenz,** die sich inhaltlich aus den Definitionen der Signierungskategorien ergibt, ist als wachsend zu interpretieren, wenn sie einen – Wert hat, d. h. „hin zu" (→) führt, als abnehmend, wenn sie einen + Wert hat, das bedeutet „weg von" (←) führt.
Aus den im GCR erfaßten üblicherweise zu erwartenden Antworten läßt sich ableiten, daß dabei **bestimmte Tendenzen aufgrund ihres hohen Erwartungswertes nicht interpretiert werden** sollten, wohingegen ihr Fehlen nicht unbedeutsam ist.
Bei Erwachsenen sind das folgende Tendenzen:

1) –
2) E← (doch interpretieren, wenn der Wert ⩾ 0,5)
3) i ←
4)
5) →O–D
N–P←

Bei Kindern sind das folgende Tendenzen:

1 –
2) –
3) –
4) → M
5) → O–D (doch interpretieren, wenn der Wert ⩾ 0,50)

Definition der Signierungskategorien (Tendenzen)

E′ Die Existenz des vereitelnden Hindernisses wird stark betont

I′ Das frustrierende Hindernis wird in der Antwort so umgedeutet, daß es als nicht vereitelnd oder sogar in irgendeiner Weise als vorteilhaft dargestellt wird. In einigen Fällen betont die Person ihre Verlegenheit, in die sie dadurch geraten ist, daß sie an der Frustration der anderen beteiligt war.

M′ Das Hindernis in der frustrierenden Situation wird derart verkleinert, daß fast seine Existenz geleugnet wird.

(1. Tendenz)

E Beschuldigungen und Feindseligkeiten richten sich gegen eine Person oder Sache der Umgebung.

I Die Person richtet Beschuldigungen und Vorwürfe gegen sich selbst.

M Der Schuldfrage wird völlig ausgewichen, die Situation wird als völlig unvermeidlich angesehen; vor allem wird die frustrierende Person von jeder Schuld freigesprochen.

(2. Tendenz)

e Die Lösung der vereitelnden Situation wird mit Nachdruck von einem anderen erwartet.

i Die Person bemüht sich, meist aus einem gewissen Schuldgefühl heraus, selbst eine Lösung zu finden.

m Es kommt die Hoffnung zum Ausdruck, die Zeit oder normalerweise zu erwartende Umstände würden das Problem lösen; Geduld und sich Fügen sind hier charakteristisch.

(3. Tendenz)

E Aggression gegen die Umwelt

I Aggression gegen das eigene Ich

M Aggression wird umgangen

(4. Tendenz)

C–D das vereitelnde Hindernis wird betont

E–D der Bezug auf das Ich dominiert

N–P die Lösung der problematischen Situation wird betont

(5. Tendenz)

(aus: Handanweisung S. 1/2)

Literatur zum PF

ROSENZWEIG, S., E. E. FLEMING & H. J. CLARK, Revised Scoring manual for the Rosenzweig Picture-Frustration Study. in: J. Psychol. 24, 1947, S. 165–208

ROSENZWEIG, S., E. E. FLEMING & H. J. CLARK, The Children's Form of the Rosenzweig Picture-Frustration Study. J. Psychol., 26, 1948, S. 141–191

BERNARD, J., The Rosenzweig Picture Frustration Study I: Norms, Reliability an Statistical Evaluation. in: J. Psychol. 28, 1949, S. 325–332

DUHM, E. & J. HANSEN, Der Rosenzweig PF-Test, deutsche Bearbeitung der PF Study, Form für Kinder. Göttingen, 1957

HÖRMANN, H. & W. MOOG, Der Rosenzweig PF-Test, deutsche Bearbeitung der PF Study, Form für Erwachsene, Göttingen, 1957

KLIPPSTEIN, E., Eine Analyse der Rosenzweig PF-Testsituation (Form für Kinder). in: Z. f. exp. und angew. Psychol. 19, 1972, S. 444–459

RAUCHFLEISCH, U., Handbuch zum Rosenzweig Picture-Frustration-Test (PFT), Bd. 1 u. 2. Bern/Stuttgart/Wien, 1979

TIMAEUS, F. & S. WOLF, Untersuchungen über den Rosenzweig PF-Test. in: Z. f. exp. und angew. Psychol., 9, 1962, S. 352–360

WERNER, S., Versuch einer Objektivierung des Rosenzweig PF-Tests. in: Z. f. exp. und angew. Psychol., 13, 1966, S. 133–181

Thematischer Apperzeptions-Test (TAT)

	Der TAT ist ein Verfahren, das zum Ziel hat, Persönlichkeitseigenschaften aus Geschichten zu erschließen, die der Pb zu bestimmten Bildern erzählen soll. Aus der Auffassung und Bearbeitung des Bildthemas wird die inhaltliche, gegenstandsbezogene Seite der Persönlichkeitsdynamik erschlossen. Es scheint, daß der Pb sich *bereitwillig / nicht bereitwillig* mit einfachen und größeren Problemen auseinandersetzt. Aktives Eingreifen in Problemsituationen wird man von ihm (nicht) erwarten können. Konflikte scheinen beim Pb in erster Linie aufzutreten in . . . . Der Pb *scheint die Probleme lösen zu wollen, indem er . . . / nicht lösen zu wollen, weil . . . / erscheint im Umgang mit diesen Problemen . . . (u. ä.)* Üblicherweise erwartete Verhaltensweisen wie z. B. . . . werden von ihm *(nicht)* in Frage gestellt. Das Anspruchsniveau des Pb scheint *hoch / eher gering* anzusetzen zu sein. Seine Interessen dürften bei . . . liegen.

Obiges ist nur ein Beispiel dafür, wie die Interpretation der Bildgeschichten aussehen könnte. Da die Aussagen, das heißt, welche Bereiche und Probleme überhaupt berührt werden, und ihre Ausrichtung durch die Erzählungen des jeweiligen Probanden bestimmt werden, läßt sich auch beim TAT kein allumfassendes Befundschema angeben.

Allgemein kann man sagen, daß eine Aussage aus dem TAT nur dann getroffen werden sollte, wenn das betreffende Thema mindestens bei zwei Bildern auftaucht, oder einmal, aber dann sehr deutlich und ausführlich geschildert wurde.

Dazu ist es günstig, zuerst einmal ein grobes Raster zu den beschriebenen Konflikten, Sachverhalten und Problemen zu erstellen und die jeweiligen Zusammenhänge aufzuzeigen zu versuchen. Es sollten sowohl die Kernbereiche als auch die beteiligten Personen berücksichtigt werden.

Anschließend kann man versuchen, eine Charakterisierung des „Helden" anzugehen und festzuhalten, wie er mit geschilderten Problemen, Konflikten und Schwierigkeiten umgeht.

Einige zu beachtende Kriterien sind:

Konflikte: Moralische Werte und Konflikte
Konflikte in interpersonalen Beziehungen
Beziehungen zu Eltern und Geschwistern
Beziehungen zum andern Geschlecht
Ambivalenz (Gefühle der Liebe und des Hasses der gleichen Person gegenüber)
Selbstwertgefühle, Selbständigkeit vs. Abhängigkeit, Selbstverwirklichung, Leistungsverhalten und Anspruchsniveau

Konfliktlösungen:
Feindseligkeit und Aggression
Strafe, Bestrafung
Angst, Einsamkeit
Verteidigung gegen Angst
Schuldgefühle
Reduzierung von Schuld
Depression
Glück.

Das alles sollte im Rahmen einer wirklichen Interpretation der Geschichte gewonnen werden, nicht aus einer Umschreibung der Geschichten oder einer Paraphrasierung.
Soweit es möglich ist, empfiehlt es sich, Aussagen über den Grad der Sicherheit der gezogenen Schlüsse auf die Persönlichkeit und die angeschlossenen Hypothesen zu machen.
Ebenso sollten am Rand des Befundes Angaben über die Belege zu den Aussagen stehen (Nummer der Bildtafel), also Angaben darüber, aus welchem Testverhalten welche Schlüsse gezogen wurden.

Hinweise zur Interpretation

Thematische Valenzen der einzelnen Bildtafeln (nach Revers & Taeuber 1973, S. 111–152)

1	Selbstentfaltung – Einstellung gegenüber Forderungen von Seiten der Autorität; Selbstgestaltung Einstellung zu Fragen der Kunst
2	Generationsprobleme Soziale Probleme Partnerschaftsprobleme
3 BM, 3 GF	Depressive Gefühlszustände – deprimierende Erlebnisse durch Frustrationen und durch Schuldgefühle

4	Partnerschaftsbeziehungen – Konflikthafte Beziehungen im Bereich der Geschlechter, Abschied – Trennung – Wiedersehen Soziale Probleme
5	Mutter – Kind Beziehungen Partnerschaftsprobleme Soziale Thematik – Isolationserlebnisse; Asoziale Themata Banale Beschreibung alltäglicher Szenen
6 BM	Mutter – Sohn Beziehung Ablösebestrebungen; Regressionstendenzen
6 GF	Partnerschaftsthemen – Kontaktprobleme; Unstimmigkeiten Themen im sozialen Bereich – Kommunikationsfragen, Entdeckung, Entlarvung Alltäglichkeiten Vater – Tochter Beziehungen
7 BM	Einstellung zur väterlichen Autorität – Abhängigkeit von väterlicher Hilfe, Generationskonflikte Asoziale Thematik
7 GF	Allgemeine Haltungen und Einstellungen von Mutter und Kind in der familiären Interaktion – Gefühlsbeziehungen zwischen Mutter und Tochter; Abhängigkeit von mütterlicher Hilfe; Konfrontation verschiedener Interessen Einstellungen zur Geschlechtsrolle und zur Mutterschaft
8 BM	Aggression – Aggressive Phantasien, Erleiden von Aggressionen; direkte oder indirekte Beteiligung an aggressiven Verhaltensweisen Darstellung von Berufswünschen und -vorstellungen
8 GF	Sinnieren über verschiedene Probleme Eltern – Kind Verhältnis
9 BM	Soziale Thematik – Gruppenverhalten, Isolationserlebnisse; berufliche und wirtschaftliche Sorgen
9 GF	Gefühlsbeziehungen zu Gleichaltrigen Geschwisterrivalität Mutter – Tochter Beziehung Partnerschaftsprobleme Unglücksfälle, Naturkatastrophen Suizid
10	Partnerschaftsprobleme – Beziehung der Geschlechter zueinander; Gemeinsame Bewältigung von Schwierigkeiten Eltern – Kind Beziehung
11	Auseinandersetzung mit existenzbedrohenden Gefahren Individuationskrise

12 M	Hilfsbedürftigkeit und Abhängigkeit von fremder Hilfe Aggression – Erleiden aggressiver Akte; Aggressives Verhalten Verlust geliebter Personen
12 F	Generationsproblem – auch eingeengt auf die Mutter – Tochter Beziehung Abhängigkeit von der Mutter Symbolhafte Darstellungen
12 BG	Selbstbestimmung und Durchführung eigener Interessen und Pläne Soziale Probleme (in erster Linie mit Gleichaltrigen)
13 MF	Probleme im Bereich Sexualität und Partnerschaft Einstellung zur Sexualsphäre; Unstimmigkeiten im sozialen Bereich der Partnerschaft; Umweltbedingungen, die die Partnerschaft behindern; Krankheit und Tod eines Partners
13 B	Familiäre oder soziale Probleme, ausgedrückt in Schilderungen vergangener Kindheitserlebnisse oder Zukunftsprojektionen
13 G	Ablösethematik – Expansionsdrang; Sehnsucht nach Geborgenheit Autoritätskonflikte
14	Depressiv gefärbte Erlebniszustände durch Isolation, Partnerschaftsprobleme, berufliche Situation Selbstverwirklichungsstreben Betrachtungen über die Schönheit der Natur Aggression – aggressives und asoziales Verhalten; selbstbezogene Aggression
15	Verlust nahestehender Personen Auseinandersetzung mit dem eigenen Tod
16	fehlende Bilddarstellung läßt jede Möglichkeit offen
17 BM	Einstellung zur Leistungsanforderung Selbstwertgefühl – Insuffizienzgefühl, exhibitionistische Tendenzen Aggression – Haltung gegenüber bedrohlichen Zuständen; aggressiv-asoziale Tendenzen
17 GF	Alltägliche Szenen Deprimierende Zustände und Selbstmordabsichten Soziale Probleme – asoziale Handlungen und Absichten; Isolation und Einsamkeit
18 BM	Aggression – Erleiden von gewaltsamen Angriffen; aggressives-asoziales Verhalten; selbstbezogene Aggression Hilfsbedürftigkeit
18 GF	Aggression – Erleiden von Aggressionen; aggressives und asoziales Verhalten Hilfsbedürftigkeit

19 Auseinandersetzung mit bedrohlichen Zuständen
Wunsch nach Sicherheit und Geborgenheit
20 Deprimierende Erlebnisse
Aggression

Im übrigen sollte man sich bei der Interpretation des TAT nicht starr an den thematischen Valenzen orientieren, da sie zum einen bei verschiedenen Autoren unterschiedlich gewichtet werden, und zum anderen in der Praxis eine Ausrichtung auf den jeweiligen Probanden diagnostisch ergiebiger ist. Zu weiteren Informationen für die Auswertung und Interpretation sei auf Revers (1973) hingewiesen, der einen Überblick über die verschiedenen Auswertungsmethoden und Anleitungen zu einer interpretativen Analyse der Bildgeschichten gibt.

Literatur zum TAT

MURRAY, H. A., Thematic Apperception Test manual. Cambridge, 1943

MURRAY, H. A., Uses of the Thematic Apperception Test. in: Murstein, B. I. (Ed.), Handbook of projective techniques. New York/London, 1965, S. 425–432

COOK, R. A., Indentification and Ego Defensiveness in Thematic Apperception. in: J. proj. Techn., 17, 1953, S. 312–319

HECKHAUSEN, H., Die Problematik des Projektionsbegriffes und die Grundlagen und Grundannahmen des Thematischen Auffassungstests. in: Psychol. Beitr., 5, 1960, S. 53–80

HÖRMANN, H., Beiträge zur allgemeinen Theorie der projektiven Tests. in: Heiss, R. (Hrsg.), Handbuch der Psychologie Bd. 6 Psychologische Diagnostik. Göttingen, 1964, S. 71–112

KORNADT, H. J., Thematische Apperzeptionsverfahren. in: Heiss, R. (Hrsg.), Göttingen 1964, S. 633–684

MURSTEIN, B. J., Theory and Research in Projective Techniques (emphasizing the TAT). New York/London, 1963

PFAU, D., Thematische Apperzeptionsverfahren. in: Arnold, W. (Hrsg.), Diagnostisches Praktikum. Stuttgart, 1972[7], S. 184–201

REVERS, W. J. & K. TAEUBER, Der Thematische Apperzeptions-Test. Bern/Stuttgart/Wien, 1973[2]

Eine ausführliche Literaturliste findet sich bei Revers & Taeuber (1973)

Rotter Satzergänzungsverfahren

	Der Pb hat bei diesem Test die Aufgabe, angefangene Sätze zu vervollständigen. Er will die Einstellung des Pb zu sich selbst und zu seiner Umwelt erfassen. ...

Aus den Vervollständigungen der Sätze durch den Probanden sind die Aussagen über seine Einstellung zu den verschiedenen Bereichen seines Lebens zu gewinnen. Es sollte versucht werden, die Hauptprobleme in den Erfahrungen und Erlebnissen des Probanden zu ermitteln und Zusammenhänge aufzuzeigen.
Dazu empfiehlt es sich, den Rotter nicht isoliert, sondern in Verbindung mit dem TAT und der Exploration zu interpretieren.

Hinweise zur Interpretation

Die verschiedenen Bereiche, die sich erfassen lassen, sind folgende
(in Klammern die Nummer des jeweiligen Satzanfangs)

Einstellung zu sich selbst (Selbstbild)

im Leistungsbereich
(3, 14, 15, 16, 21, 22, 23, 31, 32, 33)

im Interessenbereich
(1, 2, 8, 14, 16, 22, 24, 25, 32, 38)

im emotionalen Bereich
(1, 2, 5, 8, 9, 12 13, 18, 20, 27, 29, 30, 33, 34, 39)

im sozialen Bereich
(1, 10, 11, 17, 19, 32, 38, 40)

im sexuellen Bereich
(7, 26, 36, 38, 40)

Einstellung zu anderen

zur Familie
(4, 11, 17, 26, 35)

zu Sozialpartnern
(7, 10, 19, 26, 38, 40)

soziale und sexuelle Einstellungen
(5, 7, 9, 13, 14, 19, 27, 29, 30, 33, 36, 38, 39, 40)

Einstellungen in Bezug auf Allgemeinplätze vs. differenzierte Einstellung

(1, 5, 6, 13, 14, 16, 21, 22, 31, 33, 34, 36)

Literatur zu Rotter

ROTTER, J. B. & J. E. RAFFERTY, The Rotter Incomplete Sentences Blank. Manual. New York, 1950

Für die deutsche Fassung liegt leider kein Handbuch vor, ebenso ist die Literatur sehr spärlich, auch aus diesen Gründen empfehlen wir den Rotter nur in Kombination mit anderen Verfahren zu interpretieren.

Rorschach-Verfahren

Intelligenzaspekte

F+%, W%, D%, Atw, A%	Die Ergebnisse dieses Verfahrens lassen darauf schließen, daß der Pb über *gute / mittlere / schlechte* intellektuelle Fähigkeiten verfügt, *keinesfalls über geringe / hohe, eher über mittlere.*

Die **Beurteilung des allgemeinen Intelligenzniveaus** setzt die Berücksichtigung der Wechselwirkung verschiedener Aspekte voraus.
Ein hohes Intelligenzniveau läßt sich annehmen, wenn der Pb
W% + eine große Anzahl differenzierter Ganzantworten lieferte,
F+% + eine relativ große Anzahl hochqualifizierter Formantworten gab,
D% + mit Detailantworten Hinweise auf praktische Intelligenz und gesunden Menschenverstand gibt,
Atw + überhaupt eine größere Anzahl von Antworten gab
A% – dabei aber von den allgemein üblichen Antworten abwich.
Zusätzlich sollte man noch die Anzahl und Qualität der Orginalantworten und die Sukzession, die später besprochen werden, mit einbeziehen.
Liegen die Werte des Pb in diesen Signa unter der Norm und weichen seine Antworten nicht von den populären ab, so könnte man auf ein eher niedriges allgemeines Intelligenzniveau schließen.
Ein A% über 80 weist schon auf einen u. U. pathologischen Fall hin.
Geringe Anzahl von W-Antworten bei gleichzeitigem hohem D%-Wert weist eher auf ein Übermaß an Vorsicht und Behutsamkeit beim Antworten hin als auf einen Intelligenzmangel.

	Muß der Pb eine für ihn noch unstrukturierte Situation selbständig gestalten, . . .
W%ϕ, F+%ϕ	so ist er in der Lage, diese in ihren übergeordneten Zusammenhängen zu betrachten; er bevorzugt ein eher abstraktes Denken.
W%+, F+%ϕ	so ist er in der Art und Weise seiner gedanklichen Verarbeitung bestrebt, die allgemeinen Zusammenhänge zu erfassen.
W%+, F+%–	so neigt er eher dazu, diese Situationen mehr allgemein und global zu erfassen und gedanklich zu verarbeiten. Seine allgemeine intellektuelle Fähigkeit dürfte aus diesem Grund etwas beeinträchtigt sein.

W%–, F+%ϕ	so neigt er weniger dazu nach übergeordneten Sinnzusammenhängen zu fragen; er ist weniger an einer abstrakten Denkweise interessiert.
W%–, F+%–	so zeigt er wenig Interesse, nach übergeordneten Sinnzusammenhängen zu suchen. Seine allgemeine intellektuelle Leistungsfähigkeit ist durch einen stark global ausgerichteten und oberflächlichen Wahrnehmungs- und Denkstil beeinträchtigt.
D%ϕ, F+%ϕ	Er vermag konkrete Einzelheiten zu erkennen und sie in seine gedanklichen Prozesse einzubeziehen. Daraus läßt sich schließen, daß er über eine angemessene Leistungsfähigkeit im Sinne konkret-praktischer Intelligenz verfügt.
D%+, F+%+	Dabei achtet er besonders auf konkrete Einzelheiten und Probleme aus dem konkret-praktischen Bereich. Er besitzt einen ausgesprochen guten ‚gesunden Menschenverstand'.
D%+, F+%–	Dabei zeigt er die Tendenz, sich eher praktisch-konkreten Problemen, mehr Einzelheiten und Details zuzuwenden.
D%–	Er ist nicht weiter in der Lage, Einzelheiten zu erkennen und in sein Denken zu integrieren.
d%+	Dabei klammert er sich geradezu an Einzelheiten und legt eine eher pedantische Haltung an den Tag. Evtl. ist diese Haltung ein Anzeichen für Angst und Unsicherheit.
Dd+, S%+	Dabei zeigt er ein starkes Interesse an ungewöhnlichen Dingen und Gegenständen.
S%+, F+%+	Er offenbart einen gewissen Grad an geistiger Beweglichkeit und Orginalität.

Der erste Aspekt bei der Interpretation der intellektuellen Leistungsfähigkeit des Probanden kann die **Dimension einer globalen Auffassungsweise vs. eine konkret-praktische Angehensweise** betreffen.

Aus den hierbei berücksichtigten Sigma lassen sich Hypothesen über diese Leistungsbereiche gewinnen:

F+% Hinweis auf das allgemeine Intelligenzniveau und gute Beobachtungsfähigkeit einschließlich Konzentration und Ausdauer,

W% Fähigkeit, die wesentlichen Zusammenhänge zu erfassen; umfassende Wahrnehmung; Fähigkeit zu abstraktem Denken,

D% Berücksichtigung von Details und Einzelheiten in kognitiver und intellektueller Hinsicht; ‚praktische Intelligenz', gesunder Menschenverstand.

O%+, A%– Inh. + O%–	Der Pb zeigt eine ungewöhnliche, vom Gängigen abweichende Denk- und Auffassungsweise. Seine Interessen sind breit gefächert. Die Wahrnehmung des Pb ist verzerrt und spiegelt nicht die Wirklichkeit wider.
A%ϕ, P%ϕ	Die Wahrnehmung und das Denken des Pb sind konform, sie sind stark den geltenden sozialen Standards angepaßt.
A%+, Inh.– A%++, Inh.–	Der Pb zeigt eine geringe geistige Beweglichkeit, die Art seiner Denk- und Auffassungsweise ist eher gleichförmig und stereotyp. Er hält sich meistens an das Nächstliegende. Sein Interessenbereich dürfte nicht allzu groß sein. Die Art der Auffassung und des Denkens dürfte beim Pb eher in sehr gleichförmigen Bahnen ablaufen, wodurch u. U. eine angemessene Anpassung an die Realität gestört sein könnte.
P%–	Der Pb ist nicht in der Lage, die Wirklichkeit so wie die meisten anderen zu sehen.

Der **Aspekt der Qualität seiner geistigen Produktion** läßt sich aus diesen Signa interpretieren:

O% Gute Orginalantworten lassen auf Orginalität und Überlegenheit im Denken schließen. Sie zeigen an, wieweit der Proband vom Gängigen und Üblichen sich in seiner Denkweise freimachen kann.
Zuviele Orginalantworten sind ein Hinweis auf exzentrisches oder egoistisches Denken; schlechte O-Antworten ein Anzeichen für mangelnde Realitätskontrolle,

P% und O% geben an, wieweit ein Proband in der Lage ist, die Welt so wie die meisten seiner Mitmenschen zu erkennen.

A% weisen auf die geistige Beweglichkeit hin, wieweit der Pb in eingefahrenen Denkbahnen bis hin zu Allgemeinplätzen denkt.

Inhalt Einförmiger Inhalt (–) bedeutet, daß die Interessen des Probanden möglicherweise eingeengt sind, vielfältiger Inhalt (+), daß er ein weites Interessensspektrum aufweist.

Atw+, O%+	Die Fähigkeit des Probanden in unstrukturierten Situationen schöpferisch tätig zu sein, dürfte recht gut ausgeprägt sein. Der Ablauf seiner Gedanken ist leicht und flüssig.
Atw–	Die schöpferischen Fähigkeiten des Probanden sind eher gering, Grund dafür könnte *sein Mangel an Interessen / eine emotionale Störung / . . . u. ä.* sein.
Z/Atw+	Seine gedanklichen Prozesse laufen dabei schnell und flüssig ab.
Z/Atw–	Seine gedanklichen Prozesse laufen dabei verlangsamt ab.
Sukzession straff	Sein Vorgehen bei geistigen Anforderungen dürfte eher starr und schematisiert sein, was seine intellektuelle Leistungsfähigkeit einschränken kann.
locker	Bei der Bewältigung von intellektuellen Problemen gelingt es dem Pb nicht, sein rationales Verhalten zu kontrollieren und zu steuern.
geordnet	Geistige Anforderungen geht der Pb in angemessener und flexibler Weise, aber auch mit der notwendigen Systematik an.

Der **Aspekt der Menge der geistigen Produktion** und der **Geschwindigkeit der Gedankenabläufe** läßt sich als weiterer Anhaltspunkt zur Beurteilung der intellektuellen Leistungsfähigkeit des Probanden interpretieren.

Atw — Die Antwortzahl gibt allgemein einen Hinweis auf schöpferische Fähigkeiten und die Flüssigkeit von Gedankenabläufen beim Probanden. Sehr hohe Anwortzahl kann dabei aber auch auf einen zwanghaften Produktivitätsehrgeiz aufmerksam machen, während stark unterdurchschnittlich wenig Antworten einen Mangel an Intelligenz aber auch emotionale Störungen anzeigen können.

Z/Atw — Die durchschnittliche Zeit pro Antwort gibt einen Hinweis auf die Geschwindigkeit der geistigen Prozesse, wobei überdurchschnittlich lange Anwortzeiten auf einen langsamen Ablauf hinweisen, wenn die verlängerte Zeit nicht auf die Ausschmückung der Antworten zurückzuführen ist.

Sukzession Sie wird durch die Reihenfolge bestimmt, in der die Antwortlokalisationen erfolgen. Geordnete Sukzession ist ein Anzeichen für optimale intellektuelle Leistungsfähigkeit, straffe wird allgemein als Beschränkung dieser Leistungsfähigkeit bewertet, lose oder zerfahrene Sukzession weist auf mangelnde geistige Kontrollfähigkeit hin.

W:M 2:1	Allgemein läßt sich sagen, daß die leistungsbezogenen Erwartungen an sich selbst mit seinen tatsächlich erbrachten intellektuellen Leistungen übereinstimmen.
W > 2M	Allgemein läßt sich sagen, daß der Pb ein überhöhtes Anspruchsniveau hat, d. h. er erwartet intellektuelle Leistungen von sich selbst, die er aufgrund seiner Befähigung nicht erfüllen kann.
W < 2M	Das gezeigte intellektuelle Leistungsniveau des Pb ist niedriger als nach seinen Fähigkeiten zu erwarten wäre. Das deutet daraufhin, daß er in intellektueller Hinsicht nicht ausgelastet ist; seine potentiellen Fähigkeiten sind größer als er artikulieren kann.

Die **Leistungseinstellung des Probanden** und den Grad, wieweit sein **Anspruchsniveau** begründet ist, zeigt das Verhältnis W:M an. Dabei sollte W mindestens 3 sein, wurden weniger W-Antworten gegeben ist nur eine vorsichtige Interpretation empfehlenswert. Zudem sollten Schlüsse aus diesen Signa auch immer unter dem Aspekt des Formniveaus der Deutungen gesehen und u. U. modifiziert werden.

H+A:Hd+Ad ≈2 : 1	Insgesamt gesehen scheint der Pb im Zusammenhang mit seinen geistigen Fähigkeiten zu einer sachlichen und ausgewogenen kritischen Stellungnahme in der Lage zu sein.
>2 : 1	Insgesamt gesehen scheint der Pb aufgrund . . . nicht in der Lage zu sein, sachlich und ausgewogen kritisch Stellung zu nehmen.
<1 : 2	Insgesamt gesehen scheint der Pb in einem übersteigerten Maß kritisch und genau zu sein.

Dieses Verhältnis ist ein Maß für die **Kritikfähigkeit** des Probanden; üblich ist ein Verhältnis von etwa 2 zu 1. Die Neigung übergenau und überkritisch zu sein, die durch ein Verhältnis kleiner als 1/2 ausgedrückt wird, kann mit Angst verbunden sein. Gründe für die Unfähigkeit zu angemessener Kritik können in den bisherigen Ergebnissen zu Auffassungsmodus oder dem qualitativen Aspekt zu finden sein.

Emotionale Aspekte

F % Ø	Der Pb ist in der Lage, seine Gefühle und Affekte soweit rational zu kontrollieren, daß er sie der jeweiligen Situation angemessen zu artikulieren versteht. Seine Lebensführung ist eher verstandesmäßig ausgerichtet.
F % – (M, Fc, FC) +	Der Pb legt weniger Wert auf unpersönliche Beziehungen, er kann spontan, schöpferisch und offen für seine Umwelt sein.
F %– (M, Fc, FC) –	Der Pb neigt zu affektiven Reaktionen. Aufgrund seines mangelnden Sinns für die Realität kann u. U. seine verstandesmäßige Kontrolle aussetzen.
F %+ (M, Fc, FC) –	Der Pb richtet seine Lebensführung zu stark verstandesmäßig aus. Er hat sich oft so stark unter Kontrolle, daß er kaum in der Lage ist, seine Gefühle auszudrücken, dadurch wirkt er verkrampft und rigide.
F %+ (M, Fc, FC) +	Der Pb richtet seine Lebensführung stärker nach verstandesmäßigen als nach gefühlsmäßigen Gesichtspunkten aus. Er kann ohne große Affekte und angemessen reagieren, er stellt eine reiche Persönlichkeit dar, die nüchtern handeln kann.
F %+ F + % –	Der Pb dürfte emotional wenig differenziert sein. In Situationen, die sofort rational erklärbar für ihn sind, kann er nicht immer angemessen reagieren.
F %++	Emotionen und Affekte sind beim Pb in hohem Maße eingeengt, er ist kaum zu spontanen und gefühlsmäßigen Äußerungen in der Lage. Eine derartige psychische Konstellation findet sich häufig bei Persönlichkeiten, die unter Zwangs- und Depressionszuständen leiden.

Die zu den emotionalen Aspekten gehörigen Proportionen geben Auskunft über die Affektivität, die Möglichkeiten, Emotionen und Gefühle rational zu kontrollieren und den Grad persönlicher Reife des Probanden.
Die erste hier besprochene Dimension der **verstandesmäßigen Lebensausrichtung und rationalen Kontrolle** geht von der Größe von F % aus, doch sollte F % nie alleine in diesem Sinne interpretiert werden. Besonders bei der Diagnose pathologischer Gefühlseinengung, die durch einen ausgesprochen hohen F %-Wert (bei Erwachsenen über 80) angezeigt wird, sollte man eher zurückhaltend sein und die übrigen Kontrollfaktoren berücksichtigen. Das gleiche gilt für sehr wenige F-Antworten.

	Jene Gefühle, die sich besonders in Gestalt von Wünschen nach Verständnis, Fürsorge und Zuwendung artikulieren, . . .
(FK+F+Fc) % ϕ	werden vom Pb so akzeptiert, daß er mit ihnen in den entsprechenden Situationen angemessen umgehen kann und sie adäquat kontrolliert.
(FK+F+Fc) %+	werden vom Pb ausgesprochen stark kontrolliert. Deswegen ist er kaum zu emotionaler Spontaneität fähig. Dies kann zu einer schwerwiegenden Einengung seines Verhaltensspielraums führen.
(FK+F+Fc) % obere Normgrenze, F % ebenfalls	unterliegen beim Pb einer stark ausgeprägten Kontrolle. Das muß nicht unbedingt bedeuten, daß er in entsprechenden Situationen unangemessen reagiert, doch ist eine übermäßige und damit hinderliche Kontrolle seiner Bedürfnisse nicht auszuschließen.

Die Proportion (FK+F+Fc) % gibt die Art und Weise an, wie der Proband seine **Zuwendungsbedürfnisse akzeptiert, kontrolliert** und wie er mit ihnen umgeht.

M:FM ≈ 2:1 (FC : CF)	Insgesamt gesehen bietet der Pb das Bild einer reifen Persönlichkeit, denn er kann ohne größere innere Konflikte die Befriedigung seiner Bedürfnisse anderen Wertsetzungen unterordnen und sie zugunsten weitreichenderer Ziele aufschieben.

$M > FM$ ($FC > CF$)	Insgesamt gesehen ist der Pb noch in der Lage, die unmittelbare Befriedigung von Bedürfnissen zugunsten anderer Wertsetzungen aufzuschieben oder auf sie zu verzichten.
$M = FM$ ($FC = CF$)	Insgesamt gesehen akzeptiert der Pb seine Bedürfnisse und Triebimpulse bereitwillig und vermag sie unter Kontrolle zu halten und in seine Erlebniswelt zu integrieren. Dabei ist er innerlich ausgeglichen.
$M < FM$ ($FC < CF$)	Insgesamt gesehen bietet der Pb eher das Bild einer unreifen Persönlichkeit, da er mehr vom Wunsch nach unmittelbarer Bedürfnisbefriedigung als der Verfolgung weiterreichender Ziele auch auf Kosten der Bedürfnisbefriedigung bestimmt wird.
$M \geqslant (FM+m)$	Dabei ist der Pb ausgeglichen und kann seine Triebwünsche ohne größere innere Konflikte kontrollieren.
$1{,}5M < (FM+m)$	Beim Pb sind sehr starke innere Spannungen vorhanden, wodurch ein fruchtbares Einsetzen seiner innerpsychischen Kräfte und die Selbstkontrolle beeinträchtigt sein dürften.
$FC > (CF+C)$	Der Pb ist in der Lage, seine Triebimpulse und Gefühle unter Kontrolle zu halten, man kann ihn als emotional angepaßt bezeichnen.
$(CF+C)=0$	Die emotionale Kontrolle ist beim Pb zu stark ausgeprägt, das kann u. U. zu einer gewissen Oberflächlichkeit im Sozialverhalten führen.

Diese Dimensionen beschreiben den **Grad persönlicher Reife** des Probanden, der bestimmt ist durch die Fähigkeit unmittelbare Bedürfnisbefriedigung zugunsten weiterreichender Zielsetzungen aufzuschieben, und die Kontrollfähigkeit in diesem Bereich.
Bei der Interpretation von M : FM gilt es die gleichsinnige Richtung von FC : CF zu beachten, kehrt sich das zweite Verhältnis um, so ist ersteres nur unter Einschränkungen zu interpretieren. Grundsätzlich sollte aber immer M größer oder gleich 3 sein, andernfalls ist Vorsicht bei den Aussagen geboten.

Hypothesen zur Interpretation der Signa sind wie folgt:

M hochdifferenzierte Ichfunktionen,
FM Triebimpulse, die eine unmittelbare Befriedigung verlangen,
m Spannungen und Konflikte
FC sozial adäquate, differenzierte gefühlsmäßige Anpassung an Situationen,
C Neigung zu unkontrollierten Affektausbrüchen,
CF spontane und überschäumende, daher wenig kontrollierte Gefühlsausdrücke.

FM ⩽ 2, M ⩽ 2, F% +	Der Pb dürfte ausgesprochen gehemmt sein.
FM ⩽ 2 M ⩽ 2, F% +	der Pb dürfte an Ich-Schwäche leiden.

Sozialer Aspekt

Det. gr. linksgipflig M > Σ C	Die sozialen Beziehungen des Pb werden hauptsächlich durch eigene Vorstellungen, Bedürfnisse und Triebe bestimmt. Er plant und gestaltet seine Lebensführung möglichst autonom, die eigenen Vorstellungen bestimmen sein Erleben und Verhalten mehr als Reize aus der Umwelt. Er zieht wenige persönliche Bindungen einer Vielzahl oberflächlicher Kontakte vor.
rechtsgipflig M < Σ C	Im sozialen Bereich wird das Erleben und Verhalten des Pb vorrangig durch Anregungen aus der Außenwelt und durch Umwelteinflüsse bestimmt. Er ist aufgeschlossen, leicht anzuregen und pflegt zahlreiche, teils auch oberflächliche Kontakte.
Schwerpunkt Mitte	Die sozialen Beziehungen des Pb werden hauptsächlich durch rationale, unpersönliche und nüchterne Gesichtspunkte bestimmt.
E.T. = e.t.	Diese Art der sozialen Erlebnisausrichtung ist recht ausgeglichen und aufgrund einer tiefen psychischen Verankerung ziemlich stabil.

E.T. ≠ e.t.	Bei dem Pb besteht dabei eine Spannung zwischen seinem aktuellen Erleben und der mehr überdauernden Erlebnisbasis. Es deutet sich bei ihm die Tendenz eines Wandels des Erlebens an, *die innerpsychischen, autonomen Kräfte / die äußeren Umwelteinflüsse* werden möglicherweise in Zukunft sein Verhalten und Erleben stärker beeinflussen.
F % untere Normgrenze $M < \Sigma C$, C–, F–	Er zeigt kaum Initiative, seine Umwelt von sich aus aktiv zu gestalten.
F % obere Normgrenze $M > \Sigma C$,	Er zeigt große Initiative, seine Umwelt von sich aus aktiv zu gestalten.

Die Verteilungsform der Hauptdeterminanten auf dem Determinogramm kann einen ersten Überblick über die **Erlebnisausrichtung auf der Dimension Introversion vs. Extratension** geben. Je nachdem, ob die Wahrnehmung des Probanden mehr von eigenen Vorstellungen und Bedürfnissen, von Außenreizen oder von sachlichen, nüchternen Gesichtspunkten bestimmt ist, konzentriert sich die Mehrzahl der Antworten auf der linken, bzw. rechten Seite oder in der Mitte des Determinogramms.
Parallel dazu deutet das Verhältnis M : Summe C an, ob der Pb von inneren oder äußeren Reizen bestimmt wird. Dabei ist vorausgesetzt, daß Summe C nicht gleich 0 ist.
Sind primärer Erlebnistyp (E. T. – aktuelle Anregung durch innere oder äußere Reize) und sekundärer Erlebnistyp (e. t. – überdauernder Erlebnisgrund durch innere oder äußere Reize bestimmt) ungefähr gleich, läßt sich auf eine gewisse **Stabilität der aktuellen Erlebnisausrichtung** schließen; ein ungleiches Verhältnis deutet einen Wandel oder Entwicklungsprozeß von einer zur anderen Richtung an.

(FK + Fc) : F	
(FK+Fc)=1/3F	Der Pb ist in der Lage seine Zuwendungsbedürfnisse und sein Verlangen nach Anerkennung in optimaler Weise ohne Einengung seines Verhaltensspielraums zu verarbeiten. Seine Reaktionen im Umgang mit anderen sind angepaßt, er reagiert weder überempfindlich noch unselbständig.
(FK+Fc)>3/4 F	Das Bedürfnis nach Zuwendung und Anerkennung nimmt beim Pb eine so zentrale Stellung ein, daß u. U. ein angemessener Sozialkontakt gefährdet sein kann.
(FK+Fc)<1/4 F	Der Pb zeigt die Tendenz, seinen Wunsch nach Zuwendung und Anerkennung zu verleugnen oder zu verdrängen. Er scheut sich davor, sich emotional zu engagieren; verhält sich sehr stark kontrolliert. Das kann einer Anpassung im sozialen Bereich und bei zwischenmenschlichen Kontakten hinderlich sein.
(FC+c+C'):(FC+CF+C)	
2 : 1	Es ist anzunehmen, daß der Pb sich aufgrund schlechter und schmerzlicher Erfahrungen von Kontakten mit der Außenwelt zurückzieht.
1 : 2	Der Pb ist in der Lage, befriedigende Sozialkontakte zu pflegen, er handelt aufgeschlossen und zugleich reflektiert.
1 : 2 (CF+C)>FC	Der Pb neigt dazu, seinen Gefühlen unreflektiert Ausdruck zu verleihen. Seine Bedürfnisse nach Zuwendung und Anerkennung werden von ihm ohne innere Konflikte akzeptiert, so daß ihn nichts hindert, seine Gefühle zu zeigen.

Das Verhältnis von (FK+Fc) zu F zeigt die **Zuwendungsbedürfnisse des Probanden und ihre Manifestation**; die optimale Größe sollte bei 1/3 bis 1/4 liegen. Das Verhältnis der achromatischen (Fc+c+C') zu den chromatischen (FC+CF+C) Farbantworten deutet an, wie sich die **Verarbeitung des Zuwendungswunsches im sozialen Verhalten** niederschlägt.

$(Fc+Fk+FK) > (K+KF+k+kF+c+cF)$	
	Der Pb kann seine Zuwendungsbedürfnisse nur schwer in sein Erleben und Verhalten integrieren, so daß die Gefahr starker innerpsychischer Spannungen besteht.

Überwiegen die differenzierten Schattierungsantworten die undifferenzierten, besteht die **Gefahr neurotischer Spannungen** beim Probanden.

$Atw_{(VIII, IX, X)} \geqslant 40$	Der Pb ist für Umweltreize sehr empfänglich.
$Atw_{(VIII, IX, X)} \leqslant 30$	Es besteht die Möglichkeit, daß der Pb unter dem Einfluß emotionaler Außenreize gehemmt reagiert / daß der Pb auf Außenreize weniger empfänglich reagiert.
$RZ_1 > RZ_2$	Der Pb zeigt sich für äußere Reize sehr empfänglich.
$RZ_1 < RZ_2$	Der Pb scheint in seiner sozialen Anpassung durch emotionale Erregung leicht störbar, bei psychischen Belastungen reagiert er leicht irritierbar.
$\Sigma C < 3$ $(FC', C'F, C')$	In emotionalen Kontaktsituationen zeigt sich der Pb leicht ängstlich und depressiv gestimmt; er neigt dazu, sich zurückzuziehen.
Fc=O, c=O cF=O	Der Pb scheint zu Zuwendungswünschen nicht fähig zu sein.

Als letzter Bereich sind hier Aussagen über die **Gefühlsansprechbarkeit des Probanden auf Außenreize** gemacht.

Hinweise zur Interpretation des Ro

Das hier vorgelegte Muster eines Befundes zum Rorschach Verfahren, kann selbstverständlich nicht alle möglichen Aspekte aufgreifen, die bei einer Ro-Interpretation möglich sind. Es stellt den Versuch dar, die wichtigsten Ergebnisse aus dem intellektuellen, emotionalen und sozialen Bereich zusammenzufassen und als Grundlage für eine Interpretation anzubieten.
Dazu ein Wort von Klopfer & Davidson:

> „Die Interpretation eines Rorschach-Protokolls ist ein komplexer Vorgang. Es ist dabei nicht nur ein fundamentales Wissen über die Dynamik der Persönlichkeit im allgemeinen erforderlich, sondern auch eine große Erfahrung mit dem Rorschach-Test im besonderen. Man kann innerhalb weniger Monate eine gewisse Tüchtigkeit in der Vorgabe des Rorschach-Tests erlangen; es bleiben jedoch selbst jene, welche die Qualifikation für einen Rorschach-Diagnostiker besitzen, gewöhnlich auf Jahre hinaus Lernende".
>
> (Klopfer & Davidson, 1974, S. 145)

In diesem Sinn seien auch die folgenden Hinweise verstanden.

1 Zur Verrechnung der einzelnen Signierungen wird das folgende **Verrechnungsblatt** vorgeschlagen. Die Berechnung der verschiedenen prozentualen Anteile läßt sich einfach mit den Tabellen bewerkstelligen, in denen für eine entsprechende Antwortzahl unter der Spalte der gegebenen Gesamtantwortzahl der Prozentsatz abgelesen werden kann.
Die einzelnen Kategorien auf dem Verrechnungsblatt sind soweit möglich auch in der Reihenfolge angegeben, in der sie im Befundmuster berücksichtigt wurden.
Die Plus (+) und Minus (–) Zeichen geben an, welche Interpretation für eine Signierung oder ein best. Verhältnis angezeigt ist, je nachdem, ob die Werte des Probanden über (+) oder unter (–) der altersgemäßen Norm liegen. Alle Zahlenangaben, die in diesem Zusammenhang auftauchen, beziehen sich auf Erwachsene und müssen bei der Interpretation eines Rorschachprotokolls von Kindern oder Jugendlichen entsprechend modifiziert werden.
(––) bzw. (++) geben deutlich unter (über) der Norm liegende Werte an.
Das Zeichen ϕ gibt Werte an, die innerhalb der Norm, besser innerhalb der üblichen Erwartungswerte liegen (je nach Altersstufe verschieden) (vgl. Abb. 29)
Ein Hinweis zur Verwendung der Formulierungsvorschläge noch: je nach den Ergebnissen des Probanden trifft bei den verschiedenen Interpretationsvorschlägen zu einer Signakombination (z. B. D % und F+% bei der

Dimension der konkret-praktischen vs. der globalen Angehensweise) bzw. zu einer einzelnen Signierung immer nur eine der Alternativen zu. Zum Beispiel wären höher als erwartete Werte bei D % und bei F+% als ‚gesunder Menschenverstand' des Probanden zu interpretieren, da er besonders auf konkrete Einzelheiten und Probleme aus dem konkret-praktischen Bereich achtet.

Signierungen, die bei Kombinationen in Klammern gesetzt sind, deuten darauf hin, daß sie zu einer zuverlässigen Interpretation dieses Signums herangezogen werden sollten.

Rorschach Verrechnungsblatt (1)

Determinogramm

15

10

5

M	FM	m	k	K	FK	F	Fc	c	C′	FC	CF	C
		Fm mF	Fk kF	KF		F+		cF	FC′ C′F	F↔C F/C	C↔F C/F	

Erfassungsmodus

W (%)	D (%)	d (%)	Dd u/0 S (%)
W	D	d	Dd/S
< 10 %	< 30 %		
10–20 %	30–45 %	< 5 %	
20–30 %	45–55 %	5–15 %	< 10 %
30–45 %	55–65 %	15–25 %	10–15 %
45–60 %	65–80 %	25–35 %	15–20 %
> 60 %	> 80 %	35–45 %	20–25 %
		> 45 %	> 25 %

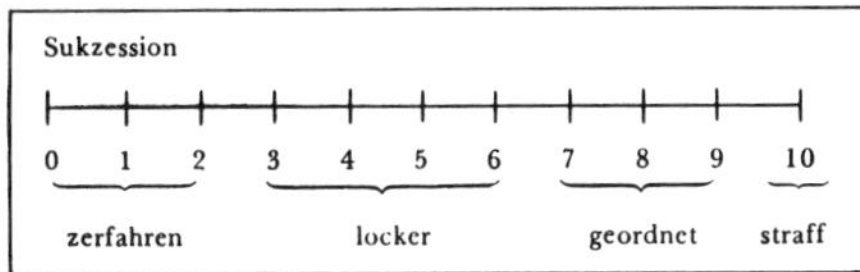

Abb. 24

Rorschach Verrechnungsblatt (2)

(Antwortenzahl): Atw = ...

(Ausfälle): Ausf. = ...

Z = ...

(Durchschnittliche Antwortzeit in sec)

Z/Atw = ...

(Durchschnittliche Reaktionszeit in sec)

RZ = ...

RZ_1 (I, IV, V, VI, VII) = ...

RZ_2 (II, III, VIII, IX, X) = ...

F% = ... $F\% = \frac{F \cdot 100}{\text{Antwortenzahl}}$

F+% = ... $F{+}\% = \frac{(F+) \cdot 100}{F}$

A% = ... $A\% = \frac{(A + Ad) \cdot 100}{\text{Antwortenzahl}}$

H% = ... $H\% = \frac{(H + Hd) \cdot 100}{\text{Antwortenzahl}}$

P% = ... $P\% = \frac{P \cdot 100}{\text{Antwortenzahl}}$

O% = ... $O\% = \frac{O \cdot 100}{\text{Antwortenzahl}}$

$$\Sigma C = \frac{FC + 2CF + 3C}{2} = \ldots\ldots$$

$$\hat{=} \left(\frac{(FC + F{\leftrightarrow}C + F/C) + 2\,(CF + C{\leftrightarrow}F + C/F) + 3\,C}{2} \right)$$

(Primärer Erlebnistyp) E.T. = M : Σ C = ...

(Sekundärer Erlebnistyp) e.t. = (FM + m) : (Fc + c + C') = ...

(FK + F + Fc)% = ...

(FK + Fc) : F = ...

FC : (CF + C) = ...

(FC + C + C') : (FC + CF + C) = ...

(H + A) : (Hd + Ad) = ...

W : M = ...

Abb. 24a

2 *Tabellen zur Berechnung der prozentualen Anteile bestimmter Antworten an der Gesamtantwortzahl*

Gesamtantwortzahl

Antwortzahl einer bestimmten Kategorie	11	12	13	14	15	16	17	18	19	20	
1	9,1	8,3	7,7	7,1	6,7	6,3	5,9	5,6	5,2	5,0	1
2	18,2	16,7	15,4	14,3	13,3	12,5	11,8	11,1	10,5	10	2
3	27,3	25,0	23,0	21,4	20,0	18,8	17,6	16,7	15,8	15	3
4	36,3	33,3	30,7	28,5	26,6	25,0	23,5	22,2	21,1	20	4
5	45,5	41,7	38,4	35,7	33,3	31,3	29,4	27,8	26,5	25	5
6	54,5	50,0	46,1	42,9	40,0	37,5	35,3	33,3	31,5	30	6
7	63,5	58,3	53,8	50,0	46,7	43,8	41,2	38,9	36,8	35	7
8	72,7	66,7	61,5	57,1	53,3	50,0	47,1	44,4	42,1	40	8
9	81,8	75,6	69,2	64,3	60,6	56,3	52,9	50,0	47,4	45	9
10	90,9	83,3	76,9	71,4	66,7	62,5	58,8	55,6	52,6	50	10
11	100	91,7	84,6	78,6	73,3	68,8	64,7	61,1	57,9	55	11
12	–	100	92,3	85,7	80,0	75,0	70,6	66,7	63,2	60	12
13	–	–	100	92,8	86,7	81,3	76,5	72,2	68,4	65	13
14	–	–	–	100	93,3	87,5	82,4	77,8	73,7	70	14
15	–	–	–	–	100	93,8	88,2	83,8	78,9	75	15
16	–	–	–	–	–	100	94,1	88,9	84,2	80	16
17	–	–	–	–	–	–	100	94,4	89,5	85	17
18	–	–	–	–	–	–	–	100	94,7	90	18
19	–	–	–	–	–	–	–	–	100	95	19
20	–	–	–	–	–	–	–	–	–	100	20
	11	12	13	14	15	16	17	18	19	20	

Berechnungsbeispiel

9 F-Antworten bei insgesamt
19 Antworten überhaupt = ?

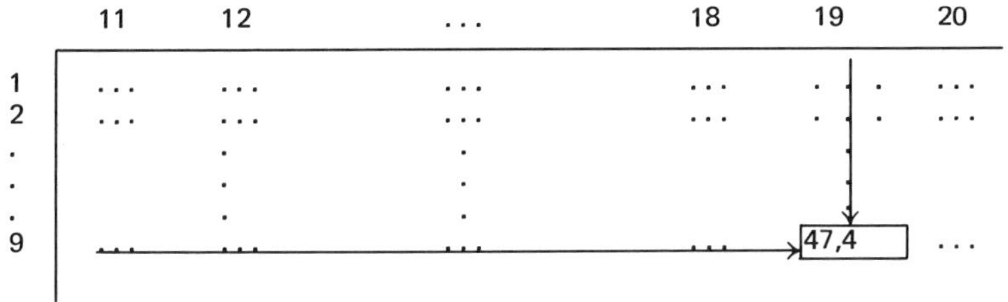

F% = 47,4 %

Gesamtantwortzahl

Antwortzahl einer bestimmten Kategorie

	21	22	23	24	25	26	27	28	29	30	
1	4,8	4,5	4,3	4,1	4,0	3,2	3,7	3,6	3,5	3,3	1
2	9,5	9,1	8,7	8,3	8,0	7,7	7,4	7,1	6,9	6,6	2
3	14,3	13,6	13,0	12,5	12,0	11,5	11,1	10,7	10,3	10,0	3
4	19,2	18,2	17,4	16,7	16,0	15,4	14,8	14,3	13,8	13,3	4
5	23,8	22,7	21,7	20,8	20	19,2	18,5	17,8	17,2	16,6	5
6	28,6	27,3	26,1	25,0	24	23,1	22,2	21,4	20,7	20	6
7	33,3	31,8	30,4	29,2	28	26,9	25,9	25,0	24,1	23,3	7
8	38,1	36,4	34,8	33,3	32	30,8	29,6	28,6	27,6	26,6	8
9	42,8	40,9	39,1	37,5	36	34,6	33,3	32,1	31,0	30,0	9
10	47,6	45,4	43,5	41,7	40	38,5	37,0	35,7	34,5	33,3	10
11	52,7	50,0	47,8	45,8	44	42,3	40,7	39,3	37,9	36,6	11
12	57,1	54,5	52,2	50,0	48	46,1	44,4	42,9	41,4	40,0	12
13	61,2	59,1	56,5	54,2	52	50,0	48,1	46,4	44,8	43,3	13
14	66,6	63,6	60,9	58,3	56	53,8	51,8	50,0	48,3	46,6	14
15	71,4	68,2	65,2	62,5	60	57,7	55,5	53,6	51,7	50,0	15
16	76,2	72,7	69,6	66,7	64	61,5	59,2	57,1	55,2	55,3	16
17	80,9	77,3	73,9	70,8	68	65,4	62,9	60,7	38,6	56,6	17
18	85,7	81,8	78,3	75,0	72	69,2	66,6	64,3	62,1	60,0	18
19	90,5	86,4	82,6	79,2	76	73,1	70,3	67,8	65,5	63,3	19
20	95,2	90,9	86,9	83,3	80	76,9	74,1	71,4	69,9	66,6	20
21	100	95,4	91,3	87,5	84	80,8	77,8	75,0	72,4	70,0	21
22	–	100	95,6	91,7	88	84,6	81,5	78,6	75,9	73,3	22
23	–	–	100	95,8	92	88,5	85,2	82,1	79,3	76,6	23
24	–	–	–	100	96	92,3	83,9	85,7	82,3	80,0	24
25	–	–	–	–	100	96,1	92,6	89,3	86,2	83,3	25
26	–	–	–	–	–	100	96,3	92,8	89,7	86,6	26
27	–	–	–	–	–	–	100	96,4	93,1	90,0	27
28	–	–	–	–	–	–	–	100	96,6	93,3	28
29	–	–	–	–	–	–	–	–	100	96,6	29
30	–	–	–	–	–	–	–	–	–	100	30
	21	22	23	24	25	26	27	28	29	30	

Gesamtantwortzahl

31	32	33	34	35	36	37	38	39	40	*Antwortzahl einer bestimmten Kategorie*
3,2	3,1	3,0	2,9	3,0	2,8	2,7	2,6	2,6	2,5	1
6,5	6,3	6,1	5,9	5,7	5,6	5,4	5,3	5,1	5,6	2
9,7	9,4	9,1	8,8	8,6	8,3	8,1	7,9	7,7	7,5	3
12,9	12,5	12,1	11,8	11,5	11,1	10,8	10,3	10,2	10,0	4
16,1	15,6	15,2	14,7	14,3	13,9	13,5	13,2	12,8	12,5	5
19,3	18,7	18,2	17,6	17,1	16,7	16,2	15,8	15,4	15,0	6
22,5	21,8	21,2	20,6	20,0	19,4	18,9	18,4	17,9	17,5	7
23,8	25,0	24,2	23,5	22,9	22,2	21,6	21,1	20,5	20,0	8
29,0	28,1	27,3	26,5	25,7	25,0	24,3	23,7	23,1	22,5	9
32,3	31,3	30,3	29,4	28,6	27,8	27,0	26,3	25,6	25,0	10
35,5	34,4	33,3	32,4	31,5	30,6	29,7	28,8	28,1	27,5	11
38,6	37,5	36,4	35,3	34,3	33,3	32,4	31,6	30,8	30,0	12
41,9	40,6	39,4	38,2	37,1	36,1	35,1	34,2	33,3	32,5	13
45,2	43,8	42,4	41,2	40,0	38,9	37,8	36,8	35,9	35,0	14
48,4	46,9	45,5	44,1	42,9	41,7	40,5	39,5	38,5	37,5	15
51,6	50,0	48,5	47,1	45,7	44,4	43,2	42,1	41,0	40,0	16
54,8	53,1	51,5	50,0	48,6	47,2	45,9	44,7	43,6	42,5	17
58,0	56,2	54,5	52,9	51,4	50,0	48,6	47,4	46,2	45,0	18
61,3	59,4	57,6	55,9	54,3	52,8	51,4	50,0	48,7	47,5	19
64,5	62,5	60,6	58,8	57,1	55,6	54,1	52,6	51,3	50,0	20
67,7	65,6	63,6	61,8	60,0	58,4	56,8	55,3	53,8	52,5	21
71,0	68,8	66,7	64,7	62,9	61,1	59,5	57,9	56,4	55,0	22
74,2	71,9	69,7	67,6	65,7	63,9	62,2	60,5	59,0	57,5	23
77,4	75,0	72,7	70,6	68,6	66,7	64,9	63,2	61,5	60,0	24
80,6	78,1	75,8	73,5	71,4	69,4	67,6	65,2	64,1	62,5	25
83,8	81,3	78,8	76,5	74,3	72,2	70,3	68,4	66,7	65,0	26
87,1	84,4	81,8	79,4	77,1	75,0	73,0	71,1	69,2	67,5	27
90,3	87,5	84,8	82,4	80,0	77,8	75,7	73,7	71,8	70,0	28
93,5	90,6	87,9	85,3	82,9	80,6	78,4	76,3	74,3	72,5	29
96,7	93,7	90,9	88,2	85,7	83,3	81,1	78,9	76,9	75,0	30
100	96,9	93,9	91,2	88,6	86,1	83,2	81,6	79,5	77,5	31
–	100	97,0	94,1	91,4	88,9	86,5	84,2	82,1	80,0	32
–	–	100	97,0	94,3	91,7	89,2	86,8	84,6	82,5	33
–	–	–	100	97,1	94,4	91,9	89,5	87,2	83,0	34
–	–	–	–	100	97,2	94,6	92,1	89,7	87,5	35
–	–	–	–	–	100	97,3	94,7	92,3	90,0	36
–	–	–	–	–	–	100	97,3	94,8	92,3	37
–	–	–	–	–	–	–	100	97,4	95,0	38
–	–	–	–	–	–	–	–	100	97,5	39
–	–	–	–	–	–	–	–	–	100	40
31	32	33	34	35	36	37	38	39	40	

Abb. 25 Tabellen zur Berechnung prozentualer Anteile

3 *Mittelwerte verschiedener Altersstufen*

Alter	2	3	4	5	6	7	8	9	10	11	12	13	14	15	16	*Erwartungswerte für Erwachsene* Erwachsene
Atw	9,6	12,9	14,7	13,9	15,8	18,3	15,9	18,6	16,3	16	19	17	20	15	19	20–45
W%	53	55	52	56	51	51	55	42	52	46	42	42	39	51	50	20–30 %
D%	42	39	38	34	34	41	37	48	40	47	48	49	50	43	44	45–55 %
Dd%	4	6	10	8	12	8	7	9	8	4	4	3	8	0	4	10 %
F%	90	84	75	70	60	52	58	67	63	63	63	66	63	64	59	20–50 %
F+%	54	60	67	75	81	82	87	84	89	93	93	94	93	94	93	79–92 % männl.
																76–91 % weibl.
																80–95 % allg.
M	0,07	0,20	0,46	0,56	1,02	1,38	1,34	1,40	1,70	2,2	2,6	2,1	2,4	1,8	2,3	2– 3
m	0,07	0,30	1,22	1,08	1,62	1,88	1,54	1,62	1,74	2,5	2,2	2,0	2,3	1,6	2,4	1– 2
FC	0,05	0,32	0,16	0,18	0,40	0,74	0,54	0,66	0,50	0,3	0,3	0,3	0,3	0,3	0,3	ca. 0,3
CF	0,12	0,40	0,62	1,18	1,48	1,34	0,90	0,72	0,82	0,7	0,8	0,7	0,8	0,7	1,2	ca. 1,0
C	0,37	0,14	0,18	0,24	0,32	0,76	0,44	0,68	0,28	0,1	0,2	0,1	0,2	0,1	0,1	
F/C	0,24	0,58	0,52	0,44	0,68	1,14	0,92	0,84	0,60	0,6	0,9	1,1	1,2	1,3	1,6	2– 3
A%	50	47	56	44	48	42	45	48	49	53	46	47	46	44	45	20–35 %
H%	3	7	9	9	11	14	17	16	16	18	18	16	17	16	16	10–15 %
RZ																30″
Z/Atw																30″
d%																5–15 %
o%																0–50 %
P																3– ,6
(FK+F+Fc)%																50–75 %

Abb. 26 Mittelwerte und Erwartungswerte für verschiedene Altersstufen (nach Ames, Metraux & Walker, 1959, 1963)

4 *Zu den Auswertungssigna*

Eine der Schwierigkeiten bei der Verständigung über den Rorschach-Test sind die unterschiedlich verwendeten Auswertungssigna. Bei unserem Befund hielten wir uns an die Abkürzungen nach Klopfer & Davidson (1974). Folgende Übersicht vergleicht sie mit den Abkürzungen nach Loosli-Usteri (zweite Spalte)

	Erfassungsmodus	
W	G	Ganzantwort
DW	DG	Konfabulatorische Ganzantwort
D	D	Detail
d	Dd	Kleindetail
Dd	Dd'	Kleines, seltenstes Detail
S	DZw, DdZw	Zwischenfigur
	Determination	
F	F	Form
FC, CF, C	FFb, FbF, Fb	Chromatische naturale Farbe
F↔C,C↔F	F ↔ Fb, Fb ↔ F	Chromatische oktroyierte Farbe
F/C, C/F	F/Fb, Fb/F	Chromatische arbiträre Farbe
FC', C'F, C'	FFb', Fb',F, Fb'	Achromatische Farbe
M	B	Menschliche Bewegung
FM	FB	Tierische Bewegung
m	b	Objektbewegung
Fc, cF, c	–	Textur (Oberflächencharakteristik)
FK, KF, K	–	Perspektivität (räumliche Tiefe)
Fk, kF, k	–	Reduktionsperspektivität
	Inhalt	
H	M	Menschenganzantwort
Hd	Md	Menschendetail
A	T	Tierganzantwort
Ad	Td	Tierdetail
At	Anat	Anatomie
Sex	Sex	Sexualantwort
N	N	Natur
Gco	Gco	Geografie
Pl	Pfl	Pflanze
Obj	Obj	Objekt
	Häufigkeit	
P	V	Vulgärantwort
O	Orig	Originalantwort

Abb. 27 Übersicht über die Auswertungssigna (aus: Bottenberg, 1972, S. 118)

Zum Vergleich der verschiedenen Auswertungs- und Signierungskonventionen sei auf die Korrespondenzlisten von Toomey & Rickers-Ovsiankina (1960) hingewiesen.

5 *Zu den populären Antworten*

Vulgärantworten, P (V), nach BECK (1950); zusätzlich Angaben nach BOHM (B) (1957) und KLOPFER & DAVIDSON (K) (1974)

Tafel I	a, O: Fledermaus, Schmetterling, Motte [B K]. a, Mitte, untere Hälfte, oder ganze Mitte: Menschliche Form, meist Frau, manchmal Kind.
Tafel II	a, O: Zwei Menschen [B]. laterales Schwarz: Hund, Bär (Schwarz, oberes Drittel als Kopf) [B, K] [K: Kaninchen, Bulle, Rhinozeros]. a, Rot unten: Schmetterling, Motte.
Tafel III	a, „Menschenfiguren": Zwei Menschen (incl. Statuen, Karikaturen) [B, K]. a, Rot medial: „Fliege", Schleife [B, K] [B, K: Schmetterling].
Tafel IV	a, O: Tierfell (jede Variante) [B] [B: Fledermaus].
Tafel V	a, O: Fledermaus, Schmetterling, Motte [B, K]. a, dicker lateraler Ausläufer: Menschen-, Tierbein.
Tafel VI	a, O oder Hauptteil: Tierfell, Pelz u. ä. [B, K].
Tafel VII	a, oberes Drittel: Menschenköpfe oder Gesichter (meist von Frauen; incl. Statuen oder Büsten) [B]; [B, a, mittleres Drittel: Bären-, Elefantenköpfe, Fratzen].
Tafel VIII	a, Seiten: Tier [B, K]. a, Mitte in Blau: Skelettform als Rippen, Wirbelsäule, Fischgräte. a, Grau: Baum, Busch.
Tafel IX	a, Braun: Menschliche Figur (z. B. Clown, Zwerg, Hexe). a, b, c, d, Rot, laterales Viertel: Kopf, Gesicht [B]. [B: a, zwischen Braun und Grün: Tierkopf verschiedenster Art].
Tafel X	a, Blau lateral: Krabbe, Spinne (Tintenfisch) [B, K: einschließlich Polypen]. a, Grün medial: Hund (incl. einzelne Rassen). a, Grün medial, obere Partie: Kaninchen-, Hasenkopf [B, K]. a, Grün laterial: Schaf. [B, K: Grün medial, ohne blassere Teile: Raupe].

Abb. 28 Vulgärantworten zum Rorschach-Verfahren (aus: Bottenberg, 1972, S. 124)

6 *Hypothesen zu Interpretation von Einzelsigna*

Zusätzlich können bei besonderen Auffälligkeiten Einzelsigna zu den entsprechenden Aspekten interpretiert werden, wenn auch vorsichtig.
Eine Auswahl dazu sei hier vorgestellt:

a) Intelligenzaspekte

DW	Tendenz zu groben und oberflächlichen Verallgemeinerungen, die der Situation unangemessen sind
S	Auflehnung, Opposition, Eigensinnigkeit
W′	Abstraktionstendenz und perfektionistische Einstellung
Objektkritik	Vorsicht, Zurückhaltung, Änstlichkeit
Subjektkritik	innere Unsicherheit

b) emotionale Aspekte

M > 3	Fähigkeit zu hochdifferenzierten Wahrnehmungsprozessen, Phantasie, schöpferisch
FM > 4	wenig integrierte Triebimpulse herrschen vor
m > 2	Konfliktanfälligkeit aufgrund der inneren Triebstruktur
KF, K	frei flottierende Ängste
Fk, kf, k	Ängste durch Rationalisieren abgewendet

c) soziale Aspekte

F↔C	Spannungen im Sozialkontakt
C↔F	Soziales Verhalten ist nicht angemessen, Pb ist gefühlsmäßig distanziert, sozial fehlgeschlagener Emotionsausdruck
F/C	oberflächlich im emotionalen Verhalten, möchte sich nicht stärker engagieren, Verhalten mehr im Sinn sozialer Erwünschtheit
Fc=2	Pb kennt seine Zuwendungswünsche, akzeptiert sie, kann auf seine Mitmenschen eingehen
Fc > 2	Pb ist unselbständig
cF > O	Pb akzeptiert seine Zuwendungswünsche nicht
c > 0	undifferenziertes und unreifes Verlangen nach körperlichem Kontakt, Fortfall steuernder Kontrollmechanismen

Zum Erfassungsmodus

W (G)	Abstraktionsfähigkeit, theoretisches Denken (bei Formgüte), globale, oberflächliche Auffassung (bei schlechtem Formniveau); Leistungsbereichschaft, hohes Anspruchsniveau, Qualitätsehrgeiz.
DW (DG)	Abstraktionstendenz bei unzulänglicher Realitätskontrolle, bei mangelnder intellektueller Kritik (Übergeneralisierung).
D (D)	Praktisch-konkrete kognitive Ausrichtung, „gesunder Menschenverstand".
d (Dd)	Schärfung und Konzentration der Kognition auf Kleinigkeiten, häufig verbunden mit pedantischer, unsicher-skrupelhafter Haltung.
Dd (Dd')	Überwiegend Indikator gestörten kognitiven Realitätsbezugs; Zeichen für Angst, Unsicherheit oder Zwanghaftigkeit; selten Indikator reicher kognitiver Ansprechbarkeit und Originalität
S (DZw)	Kognitive Flexibilität; Eigenständigkeit, Unabhängigkeit in Haltung und Wertung, verstärkt bis zur Oppositionstendenz.

Zur Determination

M (B)	Komplexer Indikator, der folgende unterscheidbare Teilaussagen beinhaltet (s. hierzu die Ordnung von DANA, 1968). Fantasieaktivität; Aufschub- und Kontrollkapazität angesichts impulsiver, emotional-triebmäßiger Erregung; innere Stabilisierung; Zeitbewußtsein, zeitliche Perspektive und langfristige Ausrichtung der Lebensführung nach eigenständigen Werten; Kreativität, schöpferische Reserven; allgemeine Intelligenz; soziale Einfühlungsfähigkeit, Tendenz und Vermögen zu tiefer mitmenschlicher Bindung.
FM (FB)	Vorhandensein bewußtseinsmäßig unaufgehellter, wenig integrierter und akzeptierter Fantasie- und Triebimpulse.
m [Fm, mF, m] (b)	Vorhandensein desintegrierender Persönlichkeitsspannungen und -konflikte (Konfliktsignal).
Fk, kF, k	Angst, durch mehr oder minder gelungene Rationalisierung abgewehrt.

FK	Angst, die mittels Introspektion, bewußter Distanzierung in den Griff genommen wird.
KF, K	Mehr oder minder diffuse, frei flottierende Angst, hauptsächlich einer Frustration des Zuwendungs- und Sicherheitsbedürfnisses entstammend.
F (F)	Ichstärke, ausgewiesen in der Versachlichung, rationalen Orientierung und bewußten Kontrolle der Lebensführung; soziale Konventionalisierung der Lebensführung; Erweis des allgemeinen Intelligenzniveaus (gute Beobachtungsfähigkeit) samt der erforderlichen Stützfunktionen wie Konzentration, Ausdauer, Übungsbereitschaft u. ä. (gilt für F+, während F– eine Gegenindikation darstellt).
Fc	Wahrgenommenes und akzeptiertes Streben nach sozialer Zugehörigkeit und Anerkennung sowie daraus resultierende sensible Einstellung auf Bezugspersonen.
cF	Unreifes, unmittelbares Geborgenheits-, Kontaktbedürfnis.
c	Infantiles, sinnlich direktes Kontakt-, Liebesbedürfnis.
FC′, C′F, C′ (FFb′, Fb′F, Fb′)	Gedämpfte Emotionalität; Tendenz zu ängstlich-depressiver Stimmung.
FC (FFb)	Sozial adäquate, differenzierte emotionale Situationsanpassung (gilt vornehmlich für FFb+, hier fügt sich die Emotionalität realitätsgeprägter, kognitiver Kontrolle, während bei FFb– infolge kognitiver Mängel die Anpassung verunsichert wird).
F ↔ C (F ↔ Fb)	Unter innerer Anspannung zustandegebrachte, der Sozialisierungsnorm entsprechende emotionale Situationsanpassung (Sozialtechnik).
F/C (F/Fb)	Augenfälligem, sozialem Stereotyp genügender Emotionsausdruck in einer Anpassungssituation, der tiefer betrachtet jedoch ohne echte emotionale Betroffenheit ist („Gefühlsattrappe").
CF (FbF)	Spontane, überschießende, daher unzureichend sozial und realitätsmäßig kontrollierte Emotionalität.
C ↔ F (Fb ↔ F)	Gezwungener, dabei sozial fehlschlagender Emotionsausdruck.
C/F (Fb/F)	Oberflächlicher, unechter, sozial mißlungener Emotionsausdruck.
C (Fb)	Neigung zu unkontrollierten Affektausbrüchen.

Inhalt

A, Ad (T, Td)	Konkrete Realitätsbindung, kognitive Stereotypisierung, Automatisierung.
Hd, H (M, Md)	Soziale Reife, soziales Interesse, soziale Anlehnung.

Häufigkeit

P (V)	Kognitive Realitätsbindung; Einregulierung auf soziale Standards, Gruppenkonformität.
O (Orig)	Kognitive Originalität (gilt für Orig+; bei Orig– intellektuelle und/oder emotionale Störung, Lockerung der Realitätskontrolle).

Besondere Kalkulationen

Antwortenzahl	Assoziationsflüssigkeit, die kognitiv wie emotional bedingt ist.
Ausfall (Versager)	Hemmung infolge gestörten Kontaktes, infolge Depression oder Angst, Einstellungsrigidität; mangelnde Fantasie- und/oder Intelligenzaussattung.
Reaktionszeit (RZ)	Verlängerung: Kognitive und/oder emotionale, intellektuelle Beeinträchtigung. Verkürzung: Kognitive und/oder emotionale Flüssigkeit; intellektuelle Begabung. Verlängerte Reaktionszeit bei den chromatischen Tafeln (vgl. mit achromatischen Tafeln): Verunsicherung und emotionale Belastung in Anpassungssituationen. Verlängerte Reaktionszeit bei den achromatischen Tafeln (vgl. mit chromatischen Tafeln): Verunsicherung durch Probleme des Kontakt-, Liebensbedürfnisses.
Antwortenzeit (AZ)	Verlängerung: Vorsichtige, mißtrauische Haltung; Pedanterie; intellektuelle Beeinträchtigung; depressive Tendenz. Verkürzung: Oberflächliche, unengagierte Haltung; intellektuelle Begabung; froh-gelockerte Stimmung.
Primärer Erlebnistyp (E.T.)	Abwägung, inwieweit aktuelle Anregung durch innere Reize (Introversion) oder äußere Reize (Extratension) erfolgt.

$B > \Sigma Fb$	Introversion: Erlebnisrichtung nach innen, Entfaltung der individuellen Fantasie, möglichst autonome Gestaltung und Planung der Lebensführung, Stabilisierung der emotional-triebmäßigen Regungen, Minderung der Realitätsnähe, Einschränkung sozialen Kontaktes zugunsten enger persönlicher Bindung.
$B < \Sigma Fb$	Extratension: Erlebnisrichtung nach außen, situationsbestimmte, emotionale Ansprechbarkeit und Erregbarkeit, labile, eher heteronome Zielausrichtung, soziale Beeinflußbarkeit, flüssiger, extensiver sozialer Kontakt.
Sekundärer Erlebnistyp (e. t.)	Proportion, die Introversion- oder Extratensionstendenzen des Erlebnishintergrundes (Potentials) angibt; zu betrachten in Relation zum primären Erlebnistyp.
E.T. $\approx$ e.t.	Tiefe psychische Fundierung, Stabilität der aktuellen Erlebnisausrichtung.
E.T. $\neq$ e.t.	Spannung zwischen aktuellem Erleben und Erlebnisbasis („ungelebtes Leben"); Ankündigung von Umschichtung des Erlebens in Richtung der e. t.-Tendenzen.

Abb. 29 Interpretationshypothesen zu den einzelnen Signaturen (aus: Bottenberg, 1972, S. 134–137)

Literatur zum Rorschach Verfahren

RORSCHACH, H., Psychodiagnostik. Bern, 1968[8]

ALLEN, R. M., Elements of the Rorschach Interpretation. New York, 1954

AMELANG, M., Bemerkungen zu einer Diskussion. in: Diagnostica, **15**, 1969, S. 141–145

AMES, L. B., J. LEARNED, R. METRAUX & R. N. WALKER, Child Rorschach Responses. New York, 1952

AMES, L. B., R. W. METRAUX & R. N. WALKER, Adolescent Rorschach Reponses. New York, 1959

BASH, K. W. (Hrsg.), RORSCHACH, H. Gesammelte Schriften. Bern, 1965

BECK, S. J., Rorschachs Test: I. Basic Process, New York, 1950

BEIZMANN, C., Leitfaden der Rorschach Deutuungen. München/Basel, 1975

BLUM, L. H., H. H. DAVIDSON & N. D. FIELDSTEEL, Rorschach Workbook. New York, 1954

BOHM, E., Lehrbuch der Rorschach Psychodiagnostik für Psychologen, Ärzte und Pädagogen. Bern, 1957

BOHM, E., Psychodiagnostisches Vademecum. Hilfstabellen für den Rorschach-Praktiker. Bern, 1960

BOTTENBERG, E. H., Formdeuteverfahren: Rorschach und Modifikationen. in: Arnold, E., Diagnostisches Praktikum. Stuttgart, 1972[7]

BOTTENBERG, E. H., Exploration der Struktur des Rorschachtests. in: Z. exp. angew. Psychol., **20**, 1970, S. 553–591

BRÜCKNER, P., Inhaltsdeutung und Verlaufsanalyse im Rorschach-Verfahren. Köln, 1959

DANA, R. H., Six Constructs of define Rorschach M. in: J. proj. Techn., 32, 1968. S. 138–145

DATEL, W. E. & J. A. GENERELLI, Reliabilty of Rorschach Interpretations. in: J. cons. Psychol., **19**. 1955, S. 372–381

FISCHER, G. H., Grundlagenforschung zu Rorschachs Formdeuteversuch. in: Studia Psychol., **10**, 1968, S. 221–236

FISCHER, G. H. & H. SPADA, Die psychometrischen Grundlagen des Rorschachtests und der Holtzman Inkblot Technique. Bern, 1973

KLOPFER, B. & H. H. DAVIDSON, Das Rorschach-Verfahren. Bern/Stuttgart/Wien, 1974[3]

LANG, A. (Hrsg.), Rorschach-Bibliographie. Bern, 1966

LIENERT, G. A. & F. K. MATTHAEI, Die Konkordanz von Rorschach Ratings. in: Z. diagn. Psychol., **6**, 1958, S. 228–240

LOOSLI-USTERI, M., Praktisches Handbuch des Rorschach-Tests. Bern, 1961

MAIWALD, D. K., Zur Zuverlässigkeit des Rorschach-Tests (Ro 30). in: Diagnostica, **16**, 1970, S. 185–187

MICHEL, L., Zuverlässigkeit und Gültigkeit von quantitativen Intelligenzdiagnosen aus dem Rorschach-Test. in: Diagnostica, **7**, 1961, S. 44–60

MIELDS, J., Zur Frage der Interpretations-Reliabilität und Interpretations-Validität des Rorschach-Tests. in: Diagnostica, **12**, 1966, S. 52–66

PHILLIPS, L. & J. SMITH, Rorschach Interpretation. New York, 1953

SCHAFER, R., Psychoanalytic Interpretation in Rorschach Testing: Theory and Application. New York, 1954

SCHMIDT, H. D., H. H.,FIGGE & S. T. GEHLEN, Zur Schätzung der Intelligenzhöhe mit dem Rorschach-Versuch. in: Diagnostica, 13, 1967, S. 60–61

SPITZNAGEL, A., Objektivität der Rorschach-Interpretation. Rorschachiana, 8, 1967, S. 287–300

TOOMEY, L. C. & M. A. RICKERS-OVSIANKINA, Tabular Comparison of Rorschach Scoring Systems. in: M. A. Rickers-Ovsiankina (Ed.), Rorschach Psychology. New York, 1960, S. 441–465

WERTHEIMER, M., Perception amd the Rorschach. in: J.proj. Techn., 21, 1957, S. 209–216

Zur weiteren Information sei an dieser Stelle auf die ausgezeichnete und umfangreiche Literaturzusammenstellung bei Bottenberg (1972) und auf die Rorschach-Bibliographie von Lang (1966) hingewiesen.

Sceno-Test

	In diesem Verfahren wird der Pb mit Hilfe von standardisiertem Material (im Kern biegsamen Puppenfiguren, ergänzt durch Tiere, Bäume, Blumen, bunte Klötze und weiteres Kleinspielzeug) in eine Spielsituation versetzt, in der er mit dem Material eine ‚Scene' gestaltet.

Der Scenotest stammt ursprünglich aus der tiefenpsychologisch orientierten Kinderpsychotherapie und wurde von seiner Erfinderin dementsprechend in psychoanalytischen Kategoriensystemen gedeutet, wobei z. B. der psychoanalytische Symbolwert der einzelnen Figuren eine wichtige Rolle spielt.
Diese Deutungen der vom Pb gestalteten Spielszenen sind jeweils stark vom kategorialen Bezugsrahmen des Diagnostikers abhängig. Empirische Absicherungen der verwendeten Hypothesen sind uns nicht bekannt.
In der modernen psychodiagnostischen Praxis hat der Scenotest dennoch eine weite Verbreitung, allerdings weniger in seiner ursprünglichen Bestimmung, sondern vielmehr als ein Instrument zur mehr oder weniger systematischen Verhaltensbeobachtung. In diesem Sinne sind auch die hier vorgeschlagenen Formulierungen zu verstehen.
Da es bei dieser Art von Auswertung der gewonnenen Verhaltensstichprobe um ein qualitatives Verständnis des Zusammenhangs einzelner Verhaltensweisen geht, ist es wenig sinnvoll, Formulierungsalternativen zu einzelnen Beobachtungsmöglichkeiten vorzugeben. Wir beschreiben daher gewissermaßen idealisiert vier verschiedene Verhaltenstypen, wobei wir uns an die Befunde von Engels (1957) anlehnen. Dies mag als Hintergrund/Kontrast und Formulierungshilfe für die Darstellung individueller Verhaltensbeobachtungen dienen.

6-Jährige	Die Aufgabe ist für den Pb ein Spiel, wobei die Hauptsache die Betätigung bleibt, über der er das Ziel völlig vergißt. Die Aufmerksamkeit wird durch das stark interessierende Material festgehalten.
8-Jährige	Wenn der Pb auch nicht während der ganzen Beschäftigungsdauer ständig gleichmäßig bewußt die Aufgabendurchführung verfolgt, so findet er doch trotz aller vorkommenden Ablenkungen oder

	einem vorübergehenden Abgleiten in nebensächliche und der Aufgabe fremde Hantierungen immer wieder zur wenigstens groben Erledigung der Aufgabe zurück. Er ist in der Lage, sich bewußt und willensmäßig der gegebenen Aufgabe zuzuwenden und die eigenen triebhaften Impulse im Dienste der freien, willkürlichen Beschäftigung zu unterdrücken.
10-11-Jährige	Der Pb ist in der Lage, den Auftrag klar aufzufassen und das gegebene Ziel streng bis zur Lösung zu verfolgen. Das Resultat der Lösung, die gelöste Aufgabe i.S. eines selbstgestalteten Werkes, steht für ihn ganz im Vordergrund.

Eine zutreffende Analyse und Einordnung des individuell gezeigten Verhaltens kann nur auf dem Hintergrund der altersgemäßen Entwicklung erfolgen. Eine gewisse Erfahrung bei der Durchführung und Auswertung des Scenotests ist dafür unerläßlich, da einzelne ‚harte' Kriterien nicht angegeben werden können.

‚sachlich-planender Typ'	Der Pb ist in der Gesamtmotorik seines Körpers beherrscht. Seine Haltung verrät Ausrichtung auf ein Ziel. Sein Gesichtsausdruck ist gesammelt und konzentriert. Sein Auftreten beweist selbständige Sicherheit. Das Spiel wird vorwiegend als Werk oder Aufgabe aufgefaßt und durchgeführt. Bereits vor dem Beginn hat er das Ziel im Wesentlichen gedanklich gefaßt. Während der Durchführung behält er die Aufgabe stetig im Auge; das Ziel wird intensiv verfolgt. Seine Aufmerksamkeit springt nicht von Objekt zu Objekt, sondern wendet sich gesteuert von einem Gegenstand zum andern, wobei die Reihenfolge durch das Ziel bestimmt ist. Sofort nach Erreichen des Ziels bricht er das Spiel von sich aus ab. Das ganze Verhalten zeugt von einem aktiven Moment. Sowohl dem Spiel wie auch der Außenwelt gegenüber zeigt der Pb bei aller Zuwendung gleichzeitig eine gewisse Distanz. Inhaltlich läßt sich aus der ‚Scene' ein Sinnzusammenhang

	und ein alles verbindender übergeordneter Gesichtspunkt ersehen. Mauern und Häuser werden stabil und fest gebaut. Bei dem Pb herrschen Verstand und der Wille zur rationalen Erfassung vor. Mit seiner kühlen Sachbezogenheit wahrt er Distanz gegenüber dem Darstellungsinhalt. Die Aussagen, die er macht, entsprechen dem objektiven, sachlichen Tatbestand, wobei er klare und eindeutige Formulierungen wählt.
Untergruppe ‚schematisch-logisierend'	In seinen Äußerungen bleibt der Pb sachlich-nüchtern und streng logisch. Er gestattet sich keine subjektive Stellungnahme, keine gefühlsmäßige Färbung. Sein Bericht wirkt statisch und unlebendig. Der zu Beginn erfaßte Sinnzusammenhang wirkt wie ein antizipiertes Schema, nach dem die einzelnen Tatsachen nacheinander aufgereiht werden. Sein Spiel zeichnet sich durch einen Mangel an Phantasie aus. Es enthält keine spontanen Einfälle, aus sich heraus erhält der Pb keine Anregungen für die Lösung. Nüchtern und illusionslos kann er die Spielgegenstände nur als das nehmen, was sie sind.

Untergruppe ‚produktiv-logisierend'	In seinen Äußerungen zeigt der Pb keinen gefühlsmäßigen Bezug zu dem dargestellten Inhalt. Er wählt klare, sachliche Formulierungen. Die einzelnen Elemente bringt er in den Zusammenhang einer straffen Kausalkette, wobei er die beschriebene Situation durch Einschieben von Zwischengliedern in die Kausalkette ausgestaltet. Er beobachtet scharf und zeigt ein starkes Bedürfnis nach rational faßbaren Erklärungen. Bei seinen Gestaltungen beeindruckt die Reichhaltigkeit und Originalität der Einfälle des Pb. Sie kommen ihm spontan; um eine Lösung zu finden, muß er sich nicht bemühen. Er gestaltet einen dynamischen Handlungsablauf.

‚spielerischer Typ'	Die motorischen Reaktionen des Pb fließen aus dem natürlichen Bewegungsdrang und entsprechen unbewußt den Anforderungen der Situation. Sein persönliches Tempo ist eher etwas verzögert und langsam, dabei ist er aber unermüdlich und bei aller Vorsicht eifrig. Auf Mißerfolge reagiert er freundlich-positiv. Die Beschäftigung mit dem Testmaterial steht ganz im Mittelpunkt. Der Pb verliert sich geradezu an das Spielgeschehen und wird von ihm festgehalten. Er reflektiert nicht, sondern spielt nur und läßt sich dabei ausgiebig Zeit. Er legt sich durch keinen Plan fest. Seine spontanen Äußerungen über das Material sind vorwiegend emotional gefärbt. Sein Spiel hat kein übergeordnetes Ziel, sondern jeweils der einzelne Gegenstand wird Anlaß zur funktionalen Beziehungnahme. Nach Durchführung einer Hantierung ist diese eine Sache ganz abgeschlossen, und ein neuer Impuls kann sich durchsetzen. So bleibt die Handlung laufend im Fluß, und von sich aus zeigt der Pb keine Tendenz zum Aufhören. Die Zielvorstellung bleibt dabei wandel- und umformbar. Die Äußerungen des Pb stellen vom Gefühl und Erleben her bestimmte Einkleidungen für Gedanken dar, die dynamisch-belebt sind. Die Reihenfolge der von ihm dargestellten Inhalte wird nicht durch ein antizipiertes Schema bestimmt, ist aber dennoch nicht wirr oder unordentlich. Bei ihm herrscht ein gefühlsmäßiges Erfassen, ein Miterleben der dargestellten Tatsachen vor. Sinngehalte werden vom Pb in einer gefühlswarmen Ichbezogenheit ganzheitlich erfaßt, wobei er sich in den Inhalt regelrecht hineinlebt. Sein Spiel ist gekennzeichnet durch eine Fülle von Einfällen und selbständigen Ergänzungen, wobei die einzelnen Vorstellungen eher statischer Natur sind.

‚triebhaft-umtriebiger Typ‘	Der Pb ist in ständiger, impulsiver Bewegung. Mit den Spielgegenständen hantiert er robust bis rauh, ist aber dabei durchaus manuell geschickt. Sein Gesichtsausdruck wechselt lebhaft. In seinem Spiel zeigt sich eine starke Tendenz, sich über den vorgegebenen Rahmen hinaus auszubreiten. Das gesamte Verhalten des Pb ist von großer Selbstsicherheit und natürlicher Ungezwungenheit geprägt. Die Einstellung des Pb zum Spiel ist eher extravertiert, zeitweise wendet er sich sogar vom Spiel ab. Das Spiel bleibt mehr Randbeschäftigung, da der Pb auch nach der Aufgabenerteilung und dem Spielbeginn nach außen orientiert bleibt. Der Pb hat ein ständiges Austauschbedürfnis mit seiner Umwelt, das sich z. B. immer wieder in Fragen an den Vl zeigt. Die gestellte Aufgabe wird nicht vergessen, aber das Ziel wird erst nach der Verarbeitung vielfältiger anderer Eindrücke erreicht. Das geht teilweise so weit, daß der Pb keine echte Bindung zu dem Material eingeht, sondern sich nur oberflächlich mit ihm beschäftigt. Seine Aufmerksamkeit wechselt und springt lebendig von einem Objekt zum anderen.

Eine spezifische Denkform läßt sich dem ‚triebhaft-umtriebigen Typ‘ nicht zuordnen. Hierzu wird auf die bei den anderen Typen vorgeschlagenen Formulierungen verwiesen.

‚gehemmter Typ‘	Der Pb wagt an keiner Stelle eine großzügig-sichere Bewegung mit Armen und Händen. Möglichst klein und ruhig sitzt er hinter dem Testmaterial. Zaghaft und langsam sind die Greifbewegungen, unentschieden in der Richtung. Unsicher und übervorsichtig wird das Material gehandhabt. Oft fällt etwas um, oder der Pb stößt es selbst durch eine ungeschickte Bewegung um. Alles geschieht ganz leise und zaghaft. Der Pb spricht nicht spontan während des Spiels.

	Der Pb nimmt weder einen warmen Kontakt zum Spiel auf noch zu seiner Umgebung. Er ist bereit, sich der gegebenen Aufforderung anzupassen, aber sein Spiel bleibt in kümmerlichen Anfängen stecken. Es schleppt sich ohne Einfälle dahin. Nach der Instruktion dauert es eine Zeit, bis er es wagt, das Material anzusehen oder anzufassen. Sein Umgang mit dem Material bleibt ein probierendes Hantieren, ein zielloses Anfassen, das keine Gestaltung erkennen läßt.

Auch dem ‚gehemmten Typ' läßt sich eine spezifische Denkform nicht zuordnen, so daß diesbezüglich auf die oben vorgeschlagenen Formulierungen verwiesen wird.

Wichtig: Bei dem ‚gehemmten Typ' ist das Verhalten im Scenotest möglicherweise inkonsistent zu anderen Verhaltensstichproben. Außerhalb des Scenotests wurden bei dem ‚gehemmten Typ' Gebärden und Haltungen beobachtet, die sich aus einer gehemmten seelischen Struktur nicht erklären lassen.

Literatur zum Sceno-Test

v. STAABS, G., Der Scenotest. Stuttgart, 1964[3]

BIERMANN, G., Diagnostische und therapeutische Möglichkeiten des Szenotestspieles. Archiv für Kinderheilkunde 181, 1970, S. 63–76

ENGELS, H., Eine spezielle Untersuchungsmethode mit dem Sceno-Test (von Staabs-Test) zur Erforschung der normalen kindlichen Persönlichkeit. Münster, 1957

KNEHR, E., Konflikt-Gestaltung im Scenotest. München, 1961

KÜHNEN, J., Das Formale im Scenotest. Unveröffentlichte Dissertation, München, 1973

Nachwort

In Anbetracht der praktischen Zielsetzung dieses Buches und angesichts der häufig zu beobachtenden Tendenzen in der diagnostischen Praxis, in routinemäßiger Erstarrung die Testinterpretation einem vorgefaßten Schema zu unterwerfen und damit im Hinblick auf die persönlichen Konsequenzen für den rat- und hilfesuchenden Probanden fast unverantwortlich zu nennende Urteile zu fällen, scheint es uns an dieser Stelle wichtig, ja unumgänglich, auf die Probleme und Gefahren psychologischer Testdiagnostik hinzuweisen.

Wie schon in der Einleitung hervorgehoben und im Laufe der Ausführungen wiederholt darauf hingewiesen wurde, sollte die Diagnostik immer problem- und probandenbezogen ausgerichtet sein. Es gilt also, entsprechend – und nur entsprechend – der Fragestellung mithilfe der Verfahren einen Einblick in die bestimmte Persönlichkeit des Probanden und seine Leistungsfähigkeit zu gewinnen, aus dem sich eine persönlichkeitsadäquate Begutachtung entwickeln läßt. Jedes routinemäßige und schematische Vorgehen muß notgedrungen die Individualität und das konkrete Problem des Probanden verfehlen.

Daß die Erarbeitung der jeweiligen Befunde den Grad, in dem ein Verfahren den Kriterien von Objektivität, Validität und Reliabilität Genüge leistet, berücksichtigen muß und sich nicht in kritiklosem Übernehmen der von den Testautoren behaupteten Gültigkeit des Meßinstruments für bestimmte Perönlichkeits- und Verhaltensmerkmale auf eine spekulative Ebene bewegen darf, muß wohl nicht noch einmal hervorgehoben werden. Die genaue Analyse der in den Testmanualen dargestellten Methoden der Testkonstruktion und das Studium neu erscheinender empirischer Untersuchungen zur Interpretation einzelner diagnostischer Verfahren sind bedeutende Voraussetzungen einer ihrem Anspruch gerecht werdenden Diagnostik.

Sosehr jedoch die methodisch und empirisch abgesicherten Testverfahren den Psychologen bei der Diagnose und Beurteilung eines Problems gerade in differentialpsychologischer Hinsicht unterstützen können, sosehr gilt es doch bei der Verwendung standardisierter Instrumente, ein prinzipielles Charakteristikum festzuhalten und bei der Einschätzung der Funktion normierter Testverfahren zu berücksichtigen. Gemeint ist die Statik, die Starrheit des Tests. Mit ihm läßt sich zwar zu einem bestimmten Zeitpunkt die relative Position eines Individuums innerhalb einer bestimmten Population hinsichtlich empirisch erfaßbarer Persönlichkeitsmerkmale bestimmen (vgl. etwa die Definitive von LIENERT, 1969, S. 7), doch der Schluß von einem oder mehreren Persönlichkeitsmerkmalen, die sich in der Testsituation als

bestimmtes meßbares Verhalten momentan manifestieren, auf die Dynamik der Persönlichkeitsstruktur ist ohne Hinwegsetzen über die Möglichkeiten des Tests wohl kaum zu ziehen. Dieser Mangel wiegt besonders schwer angesichts der Prozeßhaftigkeit der diagnostischen Situation, die eine Interaktion zwischen Diagnostiker und Probanden impliziert, in deren Verlauf beide Veränderungen unterworfen sind, die sich mit Querschnittsverfahren nicht adäquat erfassen lassen.
Der nicht zu unterschätzende Einfluß des untersuchenden Psychologen auf der einen Seite und das wiederum bestimmte Reaktionen und Verhaltensweisen bei diesem hervorrufende Agieren des Probanden auf der anderen Seite machen die Einbeziehung eines per se interaktionsorientierten Instruments in die Diagnostik unabdingbar. In diesem Sinne kann die Bedeutung des diagnostischen Gesprächs, der Exploration und der mit ihr verknüpften Verhaltensbeobachtung nicht stark genug hervorgehoben werden, da es die Möglichkeiten eröffnet, die Gewichtungen, die der Proband selbst setzt, die im Prozeß der Untersuchung stattfindenden Modifikationen in Einstellung und Verhalten des Untersuchten und im Wechselverhältnis zum Untersucher und nicht zuletzt die aufscheinenden Lösungswege in die diagnostische Arbeit einzubeziehen.
Schließlich sollte noch darauf hingewiesen werden, daß es unter den Psychologen keineswegs eine einheitliche Meinung über Zweck und Wert der Diagnostik gibt. Man kann sogar sagen, daß im Laufe der letzten Jahre mit der immer größeren Verbreitung psychologischer Verfahren und ihrer stark wachsenden Bedeutung eine kontroverse Diskussion entbrannte, deren eine Position sich von objektivierten Tests wahre Wunder erwartet, während die andere gar von einer Krise der Diagnostik spricht (vgl. etwa PULVER u. a., 1978). Um Anspruch, Möglichkeiten und Grenzen psychologischer Testverfahren angemessen einzuschätzen und aus dieser Einschätzung heraus in der Diagnostik zum Wohle des Probanden einsetzen zu können, muß das aufmerksame Studium auch kritischer Sekundärliteratur wärmstens empfohlen werden. Als Anregung sind im folgenden einige Werke angegeben, die sich prinzipiell mit psychologischer Diagnostik auseinandersetzen.

BELSER, H., Wie beurteilt man Schultests? in: INGENKAMP, K. (Hrsg.), Tests in der Schulpraxis. Weinheim [6]1978. S. 135–145

BÖTTCHER, H. R., A. SEEBER & G. WITZLACH (Hrsg.), Psychodiagnostik – Probleme, Methoden, Ergebnisse. Berlin 1974

DIRKS, H., Test oder Ausdruck. Über die Probleme und Grundlagen praktisch-psychologischer Diagnostik. in: Psychol. Rdsch., 1954, 5, S. 196–205

FISCHER, G. H., Einführung in die Theorie psychologischer Tests. Bern/Stuttgart/Wien 1974.

HARTMANN, H., Psychologische Diagnostik. Auftrag – Testsituation – Gutachten. Stuttgart 1970

INGENKAMP, K., Die pädagogischen Möglichkeiten und Gefahren der Testanwendung. in: INGENKAMP & MARSOLEK (Hrsg.), 1968, S. 249–259

INGENKAMP, K. & Th. MARSOLEK (Hrsg.), Möglichkeiten und Grenzen der Testanwendung in der Schule. Weinheim 1968.

LEICHNER, R., Psychologische Diagnostik. Grundlagen, Kontroversen, Praxisprobleme. Weinheim 1979

LIENERT, G. A., Testaufbau und Testanalyse. Weinheim/Berlin/Basel [3] 1969

MEILI, R., Lehrbuch der psychologischen Diagnostik. Bern/Stuttgart/Wien [6] 1978

PAWLIK, K. (Hrsg.), Diagnose der Diagnostik. Stuttgart 1976

PULVER, U., A. LANG & F. W. SCHMID (Hrsg.), Ist Psychodiagnostik verantwortbar? Bern/Stuttgart/Wien 1978.

REXILIUS, G., Zur Problematik der Intelligenz und ihrer Messung. in: BRUDER, K.J. u.a., Kritik der pädagogischen Psychologie. Reinbek 1976. S. 181–215

SADER, M., Möglichkeiten und Grenzen psychologischer Testverfahren. Bern 1961

SCHMID, R., Intelligenz- und Leistungsmessung. Geschichte und Funktion psychologischer Tests. Frankfurt/New York 1977

SCHÖN-GAEDIKE, A.-K., Intelligenz und Intelligenzdiagnostik. Weinheim/Basel 1978

SIMONEIT, M., Zur Kritik der Test-Psychologie. in: Psychol. Rdsch., 1954, 5, S. 44–53

SPÖRLI, S., Kritische Theorie diagnostischer Praxis – dargestellt am Beispiel Verkehrspsychologie. Bern/Stuttgart/Wien 1978

WOLF, B., Intelligenztestaufgaben und Sozialer Status. Weinheim 1977

Abbildungsverzeichnis

Der Sinn des Spielens

»Spiel ist eine merkwürdige Beschäftigung, besonders, weil sich die Spieler mit Gegenstanden befassen, die etwas anderes als sonst bedeuten, und weil sie sich in fiktiven Welten bewegen, die Außenstehenden merkwürdig vorkommen müssen. Was bewegt Kinder zum Spiel, warum spielen sie so oft ›versunken‹ und warum wird Spiel zum Selbstzweck?«

Der Autor, einer der bekanntesten deutschen Entwicklungspsychologen, entwirft eine völlig neue Theorie des kindlichen Spiels. Ausgehend von Überlegungen zu einer psychologischen Handlungstheorie stellt er eine Verknüpfung her zum kindlichen Spiel. Er zeigt, wie sich im Spiel immer komplexer werdende Handlungsstrukturen aufbauen. Der Sinn des Spiels besteht darin – so die zentrale These des Autors, die er mit vielen Beispielen stützt – der Lebensbewältigung zu dienen. Die existentielle Bedeutung des Spiels zeigt sich auch daran, daß es in modifizierter Form, zum Beispiel in Form des Regelspiels, im Erwachsenenalter erhalten bleibt. Dieses Buch ist eine unverzichtbare Lektüre für Studierende und Praktiker der Pädagogik, Psychologie und Sozialpädagogik.

Rolf Oerter
Psychologie des Spiels
Beltz Taschenbuch 46, 344 Seiten
ISBN 3 407 22046 4